Coleção
Biblioteca
do Maçom

EDITORA MAÇÔNICA
A TROLHA

HAILTON MEIRA DA SILVA

Padres na Maçonaria

Por que um Padre se torna Maçom?

Editora Maçônica "A TROLHA" Ltda.
Rua Castro Alves, 264 – Jd. Shangri-lá A – Fone (43) 3337-1982
Fax (43) 3326-0915 – Cx. Postal 238
CEP 86001-970 – Londrina – PR

Londrina, fevereiro de 2016

EDITORA MAÇÔNICA "A TROLHA" LTDA.
Rua Castro Alves, 264 – Jd. Shangri-lá A
CEP 86070-670 – Londrina – PR
Cx. Postal 238 – CEP 86001-970
Fone (43) **3337-1982** – Fax (43) **3326-0915**
Site: www.atrolha.com.br
E-mail: redacao@atrolha.com.br

Coordenação Geral:
Conselho Editorial

1ª Edição:
2016
Tiragem:
1.400 exemplares

Projeto Gráfico e Diagramação:
Maristela Meneghetti

Capa:
Ulisses Candreva

Revisão:
Maria Christina Ribeiro Boni

Impressão e acabamento:
Viena Gráfica e Editora

Obediência: **Grande Loja Maçônica do Estado Rio de Janeiro**

Dados Internacionais de Catalogação na Publicação (CIP-Brasil)
CATALOGAÇÃO NA FONTE

S586p Silva, Hailton Meira da.
Padres na maçonaria : por que um Padre se torna maçom?. / Hailton Meira da Silva. -- 1ª ed. -- Londrina: Ed. Maçônica "A TROLHA", 2016.
232p.; 14,21 cm. -- (Coleção Biblioteca do Maçom).

ISBN: 978-85-7252-347-9

1. Maçonaria – Religião. 2. Padres da Igreja – Maçom. 3. Maçonaria – História. I. Silva, Joaquim Silvério da, Padre – Entrevista. II. Título. III. Série.

CDD 360
CDU 061.236

Índices para Catálogo Sistemático:

1. Maçonaria – Religião.
   061.236:2 (CDU)
2. Padres da Igreja – Maçom.
   276:061.236 (CDU)
3. Maçonaria – História.
   061.236
4. Joaquim Silvério da, Padre – Entrevista.
   276:303.686

Dedicatória

À minha esposa, Maria Helena, fiel companheira de todos os momentos, aos meus filhos: Denílson, Adilson, Luciane e Vânia Lúcia Alves da Silva, e aos demais familiares a minha gratidão pela tolerância e apoio, sem os quais seria muito difícil, senão impossível, a realização desta obra.

Agradecimentos

Aos nossos colaboradores que contribuíram para que fosse possível a realização desta obra: Maçons e não Maçons, Veneráveis Mestres e demais Obreiros das diversas "Oficinas", Lojas Jurisdicionadas a cada uma das Três Potências que visitamos e com as quais mantemos contato.

Às autoridades maçônicas, eclesiásticas, civis e militares, associações maçônicas e religiosas, sobretudo a pessoa do MI∴ Irm∴ Padre Ulisses Martins, Membro da Aug∴ e Resp∴ Loja Maçônica "Wandir Lourenço Maurício, N° 177", Jurisdicionada à GLMERJ., bem assim à Associação Cultural Montfort, entidade civil de orientação católica, que tem como finalidade, dentre outras, a difusão dos ensinamentos tradicionais da Igreja e da cultura desenvolvida pela civilização cristã ocidental em suas múltiplas especificidades, como a Teologia, a Filosofia, a Arte, etc. para que fosse possível a elaboração desta obra, que tem como finalidade estreitar o relacionamento entre os Maçons de todas as épocas em diferentes partes do Brasil, do mundo e das mais diversas religiões onde cada uma acredita em um "Deus" que, na Maçonaria, é cultuado como o G∴ A∴ D∴ U∴ – Grande Arquiteto do Universo.

Um destaque especial, a grandiosa contribuição do amigo e Irm∴ Daniel Lúcio Batista, Ven∴ Mestre da Aug∴ Resp∴ Gr∴ Benem∴ e Gr∴ Benf∴ Loja Simb∴ "Obreiros de Irajá, N° 1068" – GOB-RJ.

Este trabalho não é exclusividade do autor. Ele pertence a cada um de nós, inclusive a você, leitor, que ao viajar por estas páginas, sim; pois, a cada página desfolhada é mais uma etapa empreendida de uma viagem imaginária que você faz, através desta leitura.

O Maçom deve ser uma pessoa inteligente, bem formada, informada e isso se consegue por meio dos estudos, e a Maçonaria, desde os seus princípios, tem como objetivo incentivar os seus Membros a "dar as mãos" e estudar para que se transformem em "*Formadores de Opinião*", e, desta forma, sentir-nos-emos felizes em ter participado, com este objetivo, para que "seja você um deles".

∴

Sumário

CAPÍTULO III – CONFLITOS

CAPÍTULO IV – DISSIDÊNCIAS, ACOMODAÇÕES E ASSIMILAÇÕES

Epígrafe

"Tudo flui, nada persiste, nem permanece." Firmando o entendimento de que o ser e o nada são os mesmos e que a essência de todas as coisas é a mudança, o filósofo grego Heráclito de Éfesos (540-460) a.C., por muitos considerado o mais eminente e o mais obscuro pensador pré-socrático, formulou com vigor o problema da pluralidade e mutabilidade das coisas particulares e transitórias quando, em suas reflexões, comparou as coisas com a corrente de um rio no qual não podemos nos banhar duas vezes seja porque, ao entrarmos uma segunda vez, não serão as mesmas águas que estarão lá.

Prefácio

Conheci e aprendi a admirar o respeitável amigo e Irmão Hailton Meira da Silva, um dentista, Iniciado na Maçonaria há mais de vinte anos, Historiador e pesquisador de assuntos maçônicos que, depois de aposentado, dedicou-se ainda mais às suas habilidades como pesquisador, escritor e, para colaborar com aqueles que não dispõem de tempo necessário para buscar novos conhecimentos sobre a Ordem, escreveu e lançou o livro intitulado "Cultura Geral Maçônica – no Brasil e no Mundo", um verdadeiro "Vade mecum maçônico", onde se obtém um vasto conhecimento, sem par, de Maçonaria em todo o mundo.

Por meio deste novo lançamento, estou certo que o livro ***"PADRES NA MAÇONARIA – Por que um Padre se torna Maçom"*** *irá esclarecer muitos detalhes referentes a esses valorosos heróis, encardinados ou não, que não mediram esforços e sacrifícios, até com a própria vida, na luta pela liberdade do Brasil.*

Procurou-se desenvolver o seu Trabalho de pesquisa desde os primórdios das origens das religiões e também da Ordem Maçônica; suas incoerências e aproximações, inconformismos, aceitações e, por fim, as assimilações, embora algumas correntes do cristianismo e catolicismo, ainda insistam em restringir esta aproximação, e quando falamos sobre a razão deste afastamento concluímos que ela é, simplesmente, a política encontrada nas religiões e suas relações com a Maçonaria.

Padre Ulisses Martins

Apresentação

Esta obra é uma singela homenagem aos "**Padres Maçons**" que, compreendendo toda a hierarquia eclesiástica do passado e da atualidade, são verdadeiros heróis que não mediram esforços e sacrifícios arriscando e pagando, até com a própria vida, na luta pelas ideias libertárias que surgiram com o iluminismo na segunda metade do século XVIII na Europa.

O ILUMINISMO – O Século das Luzes: foi o nome por que se designou a corrente filosófica que teve seus maiores representantes nos Enciclopedistas como: John Locke, Voltaire, Montesquieu, Diderot, D' Alembert e outros. Os iluministas davam um valor absoluto à razão e desprezavam toda e qualquer forma de valores não comprovados. O Iluminar: significa ilustrar, esclarecer, fornecer as luzes, metáfora da razão desde Platão, foi um movimento cultural de elite de intelectuais a fim de transformar a sociedade e o conhecimento prévio.

Fenômeno místico no qual a alma privilegiada experimenta uma elevação intuitiva de suas forças intelectuais e morais, motivado por uma ação especial de Deus. Esta é a concepção de Santo Agostinho, Santo Anselmo, São Boaventura e outros, pela qual a inteligência humana necessita de uma assistência especial de Deus para chegar ao conhecimento certo e universal.

Não tem este autor, a pretensão de auferir quaisquer

vantagens pessoais com tal empreendimento, mas, principalmente, ajudar àqueles que, não dispondo de tempo suficiente, têm dificuldade em encontrar um ponto de partida, uma forma de melhor situar os acontecimentos dos fatos de antes, durante e após a independência do Brasil, em relação às diferenças da religião e da Maçonaria.

Com linguagem simples e de fácil entendimento, aqui apresentamos em diversos capítulos os fatos que nortearam os Padres e a Maçonaria a unirem-se com a finalidade de lutar para a liberdade no Brasil.

Apresentação dos Editores

Iniciamos a apresentação deste livro citando um fragmento extraído da Bula in Eminenti, Papa Clemente XII, 1738, que diz:

> *[...] Nós desejamos e ordenamos que todos os bispos e prelados, e outras autoridades locais, bem como os inquisidores de heresia, investiguem e procedam contra os transgressores, independentemente da situação, grau, condição, ordem de dignidade ou preeminência que venham a ter; e que venham a perseguir e punir a todos com as sanções competentes da mais alta suspeição de heresia. Para cada um destes e a todos destes Nós concedemos e garantimos a livre faculdade de solicitar o auxílio do braço secular, em caso de necessidade, para investigar e proceder contra aqueles mesmo transgressores e para persegui-los e puni-los de acordo com as competentes sanções.*

Como podemos observar, é uma pergunta bastante pertinente, já que a Bula Papal in Eminenti, que nunca foi revogada, ameaçava de excomunhão os fiéis que supostamente fizessem parte da Maçonaria, ou de qualquer outra sociedade secreta, quem dirá padres.

Na história da Maçonaria, não foram poucas as vezes que padres Católicos fizeram parte dela; ou que, em outras situações, apoiaram-na e aprofundaram seus estudos, visando desmistificar detratores e falsas considerações a respeito da Maçonaria fazendo valer o fiel compromisso com a verdade.

No Brasil muitos deles foram de excepcional importância ao se juntarem aos Maçons e à Maçonaria nas lutas pela liberdade, correndo riscos e muitas vezes sendo achacados, denunciados, presos e torturados. Mesmo assim eles demonstraram, e mostram ainda hoje, que quando se tem um ideal de amor, liberdade, verdade e justiça, a respeitabilidade às regras e o descumprimento parcial dos votos eclesiásticos podem, excepcionalmente, ser excedidos, com vistas a fazer prevalecer o ganho social.

O Autor Hailton Meira da Silva relaciona de que modo e quais os principais Padres estiveram à frente dos principais movimentos libertários no Brasil. Um estudo minucioso e interessante, de homens cujos ideais estiveram acima de seus próprios credos.

Os Editores
Londrina, janeiro de 2016.

Introdução

A ideia de escrever este livro surgiu em razão de que ainda hoje, quando ouvimos alguém falar que em tal "Loja" tem um Padre Maçom, assistimos, às vezes, um aspecto de perplexidades, como se fosse alguma coisa de anormal, pois ainda existem algumas correntes religiosas que propagam, a quatro ventos, as suas divergências com a Maçonaria. Isto porque não leem, e quem não lê mal fala, mal ouve e mal vê.

Na época da luta pela independência do Brasil, os padres Maçons (incluindo toda a Hierarquia Católica) não mediram esforços e sacrifícios, até com a própria vida, na luta pela liberdade, como veremos adiante.

Ainda no tempo colonial, como era costume os pais escolherem o futuro, através da educação dos seus filhos, as famílias abastadas, predominantemente católicas, mandavam seus filhos para a Europa para estudar e seguir a carreira eclesiástica.

Assim, os brasileiros, que foram estudar em outros países como Portugal, França e outros, influenciados pela Independência dos Estados Unidos e a Revolução Francesa, trouxeram este pensamento dando início à luta pela liberdade no Brasil, inicialmente os padres, mais tarde, substituídos pelos intelectuais e o indispensável apoio do povo, que nessa época estava disposto a dar a vida para o bem da pátria, coisa que hoje não acontece.

Ao desfolhar as páginas deste livro, o leitor estará iniciando uma viagem no tempo onde vai ampliar seus conhecimentos sobre religião e Maçonaria, seus conceitos, divergências, aproximações, conflitos, acomodações e, até, assimilações.

Ao estudarmos a Maçonaria observamos que ela é dividida em dois períodos: o primeiro, desde a sua origem até o dia 24 de junho de 1717, chamado "Período Operativo" onde era exclusivamente composta pelos profissionais de construção, e o segundo, que começa naquela data de 24 de junho de 1717 até a atualidade, denominado: "Período Especulativo", constituído pela participação das mais diversas personalidades passando a serem chamados de "Maçons Livres e Aceitos ou Especulativos.

Comprovadamente, a Maçonaria, como hoje se conhece, foi criada no dia de São João Batista, 24 de junho de 1717, na Cervejaria "O Ganso e a Grelha" em Londres – Inglaterra, por dois pastores protestantes ingleses, James Anderson e J. T. Desaguliers.

Todavia, a maioria dos pesquisadores, historiadores e escritores, quando lhes é perguntado sobre a origem da Maçonaria, tem como resposta: "***a origem da Maçonaria se perde nas brumas do tempo***"; isto é: não se sabe, embora apareça mais de uma centena de afirmações das mais diversas, ninguém tem uma resposta satisfatória; ninguém tem certeza; isto é: não se pode comprovar sua origem.

Mas há um consenso que leva em conta a que todos concordem que a Maçonaria nasceu na Idade Média, na Inglaterra, oriunda dos trabalhadores de construções, e, como naquela época as grandes construções, tais como Igrejas, Mosteiros e monumentos, ficavam subordinadas às Igrejas, eram os padres responsáveis pela coordenação e ensinamento da profissão.

Após a citada Idade Média, e com as conquistas liberais, houve um distanciamento da Igreja Católica e os construtores (profissionais do ofício) tal como hoje os conhecemos e que não mais aceitam subordinação, a não ser aquelas baseadas na democracia e respeito aos direitos humanos e afins, que tiveram o respaldo na Revolução Francesa e que propagaram as ideias de liberdade em todos os países democráticos, parte inserida nos contextos das respectivas constituições.

A luta pela liberdade começou antes mesmo de o Brasil ser Brasil, conforme descreve Viriato Corrêa no livro "História da Liberdade no Brasil" e, ainda hoje, observamos que o brasileiro está sempre disposto a lutar para manter esta liberdade, a todo custo, arriscando, muitas vezes, a própria vida.

Mas é uma luta honesta, para manter o respeito aos direitos já conquistados, exigindo aquilo que merecemos resultado dos nossos esforços para os quais devemos ser recompensados.

Finalmente, a esperança é que muito breve Igreja e Maçonaria possam dar as mãos e seguir a luta em benefício de todos e para o bem-estar da humanidade.

Capítulo I

A Religião e a Maçonaria

Religião: Conjunto de pensamentos, atos e sentimentos que estabelecem a relação entre o homem e Deus. Doutrina ou sistema de princípios que regulam a subordinação da criatura ao Criador. A aplicação desses princípios à vida; a sua prática; tributo de gratidão ou culto à Divindade. Crença, piedade. Culto, devoção, reverência. Estado das pessoas que estão ligadas por voto a certas regras de vida religiosa. Ordem religiosa.

O Cristianismo como religião oficial do Estado

No governo do imperador *Constantino*, filho de uma cristã, *Santa Helena*, foi baixado, no ano de 313, o decreto ou "*Edito de Milão*" que concedia aos cristãos o livre exercício do seu culto. Também foi em Constantinopla, que se reuniu um *concílio* ou *Assembleia de Bispos cristãos*, o *Concílio de Niceia* (325), no qual foi condenado o *Arianismo*, heresia que negava a divindade de *Jesus*, fundada por *Ário*, sacerdote de Alexandria.

Um imperador que reinou depois de *Juliano* ainda tentou estabelecer o prestígio da antiga religião, mas não conseguiu: o cristianismo já era praticado por quase todos os habitantes do império. No governo do imperador *Teodósio* o cristianismo se tornou a ***religião oficial*** do Estado. Havia entretanto, nas aldeias, camponeses ou *pagani,* que continuavam ligados ao antigo culto, chamado, por essa razão, ***paganismo.***

Até hoje ouvimos questionamentos a respeito da nossa religiosidade, ou por outra, qual é a religião que professamos; muitos de nós, Maçons, não estamos adequadamente preparados para responder a este questionamento de modo convincente, porém, acho que podemos e devemos dizer com toda tranquilidade:

– Maçonaria não é religião e não existe nenhum dogma religioso que force os seus Membros a aceitá-lo; nós, Maçons, simplesmente acreditamos na existência de um Ser Supremo, independente da crença de cada um dos seus Membros.

A Maçonaria, com suas milhares de Lojas, está presente em quase todos os países do mundo e desde o início da sua existência comprovada e documentada (1717) ela nunca foi sectária com qualquer religião e nunca promoveu ou aceitou que uma crença religiosa seja superior a uma outra.

Não existe um Deus Maçom, para nós ELE é o Grande Arquiteto do Universo, que reverenciamos, porém, sem sectarismo, não oferecemos plano de salvação da alma após a morte; a Maçonaria é uma invenção humana e nunca tivemos a pretensão de que as nossas Cerimônias sejam guiadas pelas mãos de Deus.

Se acreditarmos em um Ser Supremo, estamos descartando a presença de uma pessoa ateia em nossos Templos, pois, ao pretender iniciar na nossa Ordem, o Candidato precisa confirmar esta sua crença pessoal em um Deus Supremo; nenhuma Loja Maçônica regular pode abrir seus trabalhos sem que a Bíblia ou outro livro sagrado adotado por seus Membros esteja aberto no Altar; assim como nominamos Deus com a expressão G.·. A.·. D.·. U.·., o livro que é aberto no Altar é denominado Livro Sagrado da Lei que, dependendo do local onde está sendo realizada a Sessão, poderá ser A Bíblia Cristã, O Corão (ou Alcorão) – Muçulmano

Tanach – escrituras Hebreias, Veda-Indu, ou mesmo os provérbios de Confúcio; em Israel são abertos três livros simultaneamente: a Bíblia, o Tanach e o Corão.

Todos os Maçons são obrigados a fazer os juramentos que forem necessários, colocando a mão sobre um destes Livros Sagrados; se um indivíduo não acredita em um poder maior que ele mesmo, o juramento não terá nenhum significado para sua consciência.

Em algumas partes do mundo, Escandinávia, por exemplo, algumas Lojas maçônicas exigem que os Membros sejam cristãos, e no Grande Oriente da França, considerada irregular por quase todas as Potências Maçônicas do mundo, é permitida a presença de ateístas como Membros das Lojas; alguns Graus do Rito York e do Rito Escocês apresentam temas Cristãos, usando como exemplos o Novo Testamento; embora nestes Graus tenhamos lições de moralidade, não existe a necessidade de se acreditar no Cristianismo, pois muitos Judeus Maçons frequentam estes Graus, sem, no entanto, serem crentes de Cristo.

A Maçonaria e os Evangélicos

Não existe dúvida que a Maçonaria nos Estados Unidos é constituída, em sua imensa maioria de Membros, de Protestantes Anglo-saxônicos, aliás, em quase todos os países de língua inglesa o fenômeno se repete; a maioria absoluta dos corpos dirigentes dos protestantes nos Estados Unidos não faz objeção a que seus membros sejam Maçons, embora eventualmente surjam vozes discordantes, como o ocorrido recentemente na Convenção da Igreja Batista do Sudeste, a maior associação de Batistas dos Estados Unidos que anunciou que a Maçonaria é inconsistente com a crença que professam. Na verdade o grande problema existente entre a Maçonaria e os protestantes é a presença de grupos fundamentalistas e estes fazem objeção que os seus membros frequentem a Maçonaria; a razão é o fato de que alguns dos seus ministros encorajam seus Membros a "revelarem" sua fé em qualquer lugar e a qualquer hora; como na Loja Maçônica não há espaço para esta atividade, pela proibição de se fazer pregação sobre qualquer religião, torna-se impossível a pretendida pregação.

Sabemos, juntamente com alguns milhões de homens, através de mais de três séculos, que se tornaram Membros desta Ordem Fraterna e dezenas de milhares deles eram Ministros religiosos, Rabinos, Bispos ou outros teólogos, que nenhum deles (que foram Membros) confirmaram estas mentiras.

Há alguns anos, um Irmão Mestre Maçom da nossa Loja pediu "Quit-Place" e tive a oportunidade de conversar com ele, indagando-lhe a razão daquela atitude. Ele respondeu-me que a Igreja a que ele pertencia (não sei qual, porém, tenho certeza que era uma destas fundamentalistas que citei acima) não desejava que ele continuasse na Ordem; por quê? Quis saber.

Ele então me respondeu, com toda sinceridade: – Existem segredos na Ordem que só são revelados para os que atingem o Grau 33 em uma Cerimônia satânica de Iniciação, ali são revelados o real desiderato da Ordem: dominar o mundo, impedindo o progresso da minha religião e o fato de nenhum Membro poder expor sua fé e revelar para os outros Irmãos o caminho da salvação dentro da Loja, mostra o poder deste segredo que não é revelado para todos os outros Irmãos.

A Maçonaria e os Judeus

A Maçonaria não tem nenhum conflito com o judaísmo; os primeiros judeus a iniciarem em uma Loja Maçônica fizeram em Londres por volta de 1721, justamente em uma época em que a sociedade europeia se recusava a aceitar os judeus no seu meio, impedindo-os, inclusive, de assumir qualquer nacionalidade.

Voltando um pouco na história, é preciso se lembrar da Peste bubônica que dizimou quase um terço da população europeia no ano de 1300 e os Judeus foram considerados culpados por este acontecimento, estes e outros eventos semelhantes deixaram marcas indeléveis na vida deste povo.

Ao serem aceitos na Loja maçônica, sentiram o fato como o Símbolo da Liberdade e da Igualdade, em contraste com a sociedade que lhes afligia restrições; a Loja foi o lugar onde Cristãos e Judeus sentaram-se lado a lado em igualdade de condições.

Alguns de nossos Rituais levam-nos ao Velho Testamento, cujo conteúdo podemos dividir com os Judeus os ensinamentos Dali emanados, principalmente nossos primeiros três Graus, que fazem referências à construção do Templo de Salomão, construído pelos judeus.

Apesar de assistirmos, imobilizados, mais de seis décadas de violência no Oriente Médio, provocada pela criação do Estado de Israel em 1948, a Maçonaria é muito forte em Israel, existindo ali cerca de 50 Lojas, com Judeus, Cristãos e Muçulmanos trabalhando juntos; o selo oficial da Grande Loja de Israel inclui a estrela de David, a Cruz Cristã e a lua crescente dos muçulmanos.

Em São Paulo existe uma Loja Maçônica quase que exclusiva de Judeus, cujo Venerável é um médico cirurgião do aparelho digestivo e professor da Faculdade de Medicina da Universidade de São Paulo, "meu nosso" amigo Dr. Bruno Zilberstein.

A Maçonaria e o Islamismo

Como ocorre com o Judaísmo e o Cristianismo, a Maçonaria não tem conflito com o Islamismo, embora, no momento, apenas o Marrocos, Líbano e Turquia, dentre os países muçulmanos, aceitam as Lojas maçônicas no seu território; em vários países Islâmicos, ser Maçom pode resultar em sentença de morte

Há cerca de quatro anos estive em Istambul na Turquia, quando tive a oportunidade de visitar uma Loja Maçônica, onde fui recebido com enorme carinho por dois Maçons que lá estavam;

mostraram-me o interior da Loja, onde fui fotografado em frente ao Altar.

A história da relação da Maçonaria com a Turquia é um capítulo à parte, a Ordem teve no passado grande dificuldade naquele país; tudo começou com o Papa Clemente XII que, como sabemos, excomungou a nossa Ordem em 1738; naquela época era Sultão do Império Otomano, Mahmut I, que, por conveniência política, seguiu à risca a Bula Papal, proibindo a presença da Maçonaria em todo o Oriente Médio e na África do Norte.

Na década de 1920 iniciou-se a chamada guerra pela Independência Turca, que foi um conjunto de levantes militares e políticos, capitaneados pelo Maçom Mustafá Kemal Atatuk e que culminou com a dissolução do Império Otomano em 1922.

Logo após assumir a presidência do país em 1923, Atatuk iniciou o processo de separação entre a religião e o Estado (O Islamismo deixou de ser religião do Estado em 1928), da generalização da Instrução, permitindo o voto à mulher (aliás, antes de Portugal) e a incorporação do alfabeto latino, em vez do Árabe (hoje o Árabe é utilizado apenas para assuntos religiosos, pois o Alcorão é escrito em Árabe); além disto, ele aboliu a obrigatoriedade do uso do véu pelas mulheres.

Estas movimentações iluministas possibilitaram o retorno da Maçonaria ao território turco, hoje com muita atividade laborativa; pelas pesquisas que efetuei, fiquei sabendo que ele, Atatuk, pertenceu à Loja maçônica "Italiana Macedônia Resorta Veritus" Ancara. Atatuk governou a Turquia por 15 anos, hoje existe um museu e Mausoléu em Ancara (capital da Turquia) em sua homenagem, ocupando uma área de 750 mil metros quadrados; em quase todas as cidades turcas existem monumentos em sua homenagem. Tive a oportunidade de ver uma sua estátua em Istambul, a maior cidade da Turquia, situada no estreito de Bósforo.

∴

A Maçonaria e o Catolicismo

Sabemos que temos alguma dificuldade de relacionamento com a cúpula da Igreja católica. Tudo começou com o Papa Clemente XII que editou, em 1738, uma bula, ameaçando com excomunhão qualquer católico que aderisse à Maçonaria; várias outras bulas foram editadas tendo como foco a Maçonaria, porém a mais violenta delas foi a do Papa Leão XII em 1882 (*Humanum Genus*). Ele dividiu o mundo em dois reinos, de Deus e de Satã e a Maçonaria foi incluída no reino de Satã.

Embora o Canon católico editado em 1983 não faça referência explícita à Maçonaria, coisa que acontecia nas outras bulas (consideravam, todas elas, a Maçonaria uma instituição subversiva, sob o ponto de vista político e religioso), levou muitos católicos sinceros na fé a procurar as Lojas Maçônicas para se iniciarem, porém, no mesmo ano de 1983, o Cardeal Ratzinger, que depois tornou-se o Papa Benedito XVI, na época presidente da Sacra Congregação para a Doutrina da Fé, fez um esclarecimento, dizendo que não houve nenhuma mudança e que se um católico se tornar um Maçom, poderá não receber a comunhão da Igreja.

Embora no Brasil, especialmente em Goiás, não tenhamos, como instituição, nenhuma dificuldade na convivência com a Igreja Católica, a situação continua um pouco confusa, se formos observar o que existe de documentação. O Maçom sabe que não existe conflito entre a sua religião e a nossa fraternidade, frequenta as duas instituições sem nenhuma crise de consciência. Como Maçom e católico, considero uma grande pena estes acontecimentos, pois, no passado, tivemos (figuras eclesiásticas da Igreja Católica e a Maçonaria) um relacionamento que permitiu algumas epopeias da história do Brasil; aproveitando a aproximação da data da nossa independência, para apenas referir a um acontecimento, está registrada na historiografia (nada pode mudar estes fatos), que vários padres ombrearam com a nossa instituição na luta pela Independência.

Um dos locais, considerado o Centro da Conspiração do movimento da Independência, era o Convento de Santo Antonio, no Largo da Carioca no Rio de Janeiro, onde vivia o Maçom, Membro e ex-Orador da Loja Comércio e Artes, Frei Francisco Sampaio; ali se reuniam, junto com Frei Sampaio, dentre tantos outros, os Maçons Gonçalves Ledo, Cônego Januário Barbosa, José Joaquim da Rocha.

Se quisermos basear-nos em informações divulgadas por historiadores não Maçons, basta consultar "João Dornas Filho – Os Andradas na História do Brasil" para se inteirar da sua afirmativa: "A Ledo e ao Cônego Januário se deve a proclamação ao Imperador, forçando-o ao Fico"; precisa mais evidência para esta combinação de esforços entre a Igreja católica e a Maçonaria?

Tivemos sob nosso teto, como Maçons convictos, uma grande quantidade de Padres, Cônegos e Frades, inclusive dois Bispos – Dom Azeredo Coutinho, de Olinda e Dom José Caetano da Silva Coutinho, Bispo da Diocese do Rio de Janeiro.

Na atualidade, como assinala o escritor Maçom João Bosco Corrêa, o grande acontecimento foi a missa celebrada por Dom Avelar Brandão Vilela, na Grande Loja Liberdade, no Natal de 1975, com grande repercussão, tanto no Brasil como no exterior.

Tivemos no passado, na época do Império, uma grave crise entre a Igreja Católica e a Maçonaria, porém acredito que este poderá ser assunto para outra oportunidade, uma vez que alongamos mais do que devíamos esta exposição.

Catolicismo e Protestantismo

ENTREVISTA COM O PADRE JOAQUIM SILVÉRIO DA SILVA

1) Na opinião do senhor, quais são as principais diferenças entre a Igreja Católica e a Igreja Protestante?

Não dá para negar que aconteceu uma divisão. E cada Igreja acabou enfatizando um aspecto diferente da fé. A Igreja Protestante enfatizou muito a sagrada escritura. Já a Igreja Católica enfatizou mais os sacramentos. Outra diferença, é que a Igreja Católica acredita que a sagrada escritura deve ser interpretada dentro da tradução da Igreja, ou seja, é preciso interpretar dentro da tradição apostólica, o que garante à Igreja certa unidade. Já a Igreja Protestante acredita na capacidade de cada fiel interpretar a Bíblia livremente, então eles não levam em conta a questão da tradição e isso permite múltiplas interpretações.

2) Por que batizar as crianças ainda tão pequenas?

O batismo de crianças é algo que acontece desde o século II. Na antiguidade, quando um pai de família se convertia, toda a família se convertia. Portanto, batizavam-se também as crianças e essa tradição se mantém até os dias de hoje. Por exemplo, quando uma criança fica doente, os pais não perguntam se ela quer o remédio, eles dão o remédio. Da mesma maneira, se o pai e mãe acreditam que a fé e a salvação são a melhor coisa que eles têm a oferecer para a criança, então eles vão batizá-la quando criança. Para que, desde pequena, ela possa entrar no caminho da salvação.

3) O que fez o senhor ser Padre? Com quantos anos tomou essa decisão?

Eu creio que foi um chamado de Deus. Participo da Igreja desde os meus 14 anos e cada vez mais fui amando a Jesus e cultivando uma vida de intimidade com Deus por meio de orações. Então eu fui percebendo que Deus me pedia para servi-lo de uma forma radical. Fui catequista, mas sentia em meu coração que precisava viver uma vida para Deus e para o próximo. Então aos 23 anos entrei no seminário e fui ordenado padre aos 29 anos.

4) Explique a hierarquia dentro da Igreja.

O sacramento da ordem é dividido em três Graus: Diácono, Padre e Bispo. Os Diáconos podem se casar e construir uma família, a função deles é a caridade. O Padre é o Pastor da comunidade, não pode se casar e precisa se dedicar totalmente à comunidade. E existe o Bispo, que são os sucessores dos Apóstolos. O que passa disso, são somente títulos, como os Arcebispos, Cardeais e o Papa.

5) Faça um comentário sobre a Igreja Católica na Idade Média.

Normalmente se usa a Idade Média para falar mal da Igreja. Aspectos negativos existiram e no ano dois mil o Papa João Paulo II fez até uma revisão da história e pediu perdão pelos pecados cometidos pela Igreja. Porém não houve apenas pecados na Idade Média, houve muita coisa boa. E às vezes quem não gosta muito da Igreja, esquece o lado bom e só enfatiza o lado ruim. Houve contribuições, de muitas maneiras, para a sociedade que temos hoje. Como, por exemplo, as universidades, que vieram da Igreja na Idade Média.

HÉLIO MOREIRA
Membro da Loja Maçônica "Asilo da Acácia 1248"
Academia Goiana de Letras, Academia Goiana de Medicina,
Academia Goiana Maçônica de Letras
hmoreira@cultura.com.br

O Dia do Padre

O Dia do Padre é celebrado oficialmente a 4 de agosto, data da Festa de São João Maria Vianney, desde 1929, quando o papa Pio XI o proclamou "homem extraordinário e todo apostólico, padroeiro celeste de todos os párocos de Roma e do mundo católico".

Padroeiro é o representante de uma categoria de pessoas, cuja vida e santidade comprovadas estimulam a uma vida de fé em comunhão com a vontade de Deus. João Maria Vianney nasceu na França, em 1786. Depois de passar por muitas dificuldades por causa de suas poucas habilidades, foi ordenado sacerdote. O bispo que o ordenou acreditou que o seu ministério não seria o do confessionário, pois achava que sua capacidade intelectual era muito limitada para dar conselhos.

Ele foi enviado para a pequenina Ars, no interior da França, como auxiliar do padre Balley, o mesmo que vislumbrou, por santa inspiração, seu dom e, confiando nele, o preparou para o sacerdócio. Padre Balley, outra vez inspirado, acreditou que o dom de seu auxiliar era justamente o do conselho e o colocou a serviço do confessionário. Assim, padre João Maria Vianney, homem justo, bom, extremado penitente e caridoso, converteu e uniu toda a Ars. Amado e respeitado por todos os fiéis e pelo clero, sua fama de conselheiro correu por todo o mundo cristão. Assim, ele se tornou um dos mais famosos confessores da história da Igreja. Conhecido também como o Cura d'Ars, mais tarde, foi o pároco da cidade onde morreu, em 1859.

São João Maria Vianney, canonizado por Pio XI em 1925, é o melhor exemplo das palavras profetizadas pelo apóstolo Paulo: "*Deus escolheu o que no mundo não tem nome nem prestígio, aquilo que é nada, para assim mostrar a nulidade dos que são alguma coisa*" (1Cor 1,28).

O Padre entende o chamado para ser um servo de Deus, um sacerdote, um "pai" (Padre) à semelhança de Cristo, que amou e deu sua vida ao povo pobre, simples e marginalizado. Nunca hesita, tudo aceita, confia e acredita em Deus e na sua Providência, e caminha seguro para a missão que lhe é designada.

A vida simples e a simplicidade dos ensinamentos de Jesus Cristo são o fundamento do seu ministério, único parâmetro e exemplo a seguir. A sua tarefa é continuar a missão de Jesus Cristo, o único e eterno sacerdote. É o padre que, por meio do Evangelho, leva os seres humanos a Deus, pela conversão da fé em Cristo. Por isso, é pessoa que nasce com esse dom e logo cedo, ou no momento oportuno, ouve o chamado do Pai para se consagrar a servir à comunidade, nos assuntos que se referem a Deus.

Ser padre é ser "pai" de uma comunidade inteira. Como tal, ele é o homem da Palavra de Deus, da Eucaristia, do perdão e da bênção, exemplo de humildade, penitência e tolerância, o pregador e conversor da fé cristã. Enfim, é um comunicador e entusiasta da Igreja, que luta por uma vivência cristã mais perfeita, dessa Igreja missionária, que não sobreviveria sem o sacerdote, como afirmou o próprio Jesus Cristo, seu fundador pela Paixão por nós.

Sua missão é construir comunidades, entender a alma humana e perdoar os pecados, evangelizar, unir e alimentar a comunidade por meio da Eucaristia. Confia nas palavras de Lucas 21,15 *"(....) eu vos darei palavras tão acertadas que nenhum dos inimigos vos poderá resistir ou rebater – e é verdadeira testemunha da fé, por sua oração, sacrifício e coragem cristã"*.

∴

A Hierarquia na Igreja Católica

O termo grego KATHOLICÓS significa "universal", e foi aplicado na Igreja no sentido de sua universatilidade geográfica e conceitual. O termo "apostólico" vem da continuidade da tradição e trabalho dos apóstolos e o termo "romana" vem do fato da sede principal estar situada em Roma.

O PAPA é o chefe supremo da Igreja Católica Apostólica Romana e, além de Supremo Pontífice da Igreja Universal e Soberano do Vaticano, ele acumula as funções de Bispo de Roma, Primaz da Itália, Arcebispo e Metropolita da Província Romana e Patriarca do ocidente.

O cargo de Papa é vitalício, eleito pelo Santo Colégio dos Cardeais reunidos em Roma e é o único cargo hierárquico que se manteve desde os dias do Império Romano. O Papa é o sucessor do apóstolo Pedro, o primeiro Bispo de Roma, nomeado por Jesus, a pedra fundamental da Igreja em Mateus 16, 17-19.

A denominação CARDEAL apareceu no século VI e tem o significado de "superior eminente", de onde provém o tratamento de "eminência". O título é conferido a alguns Bispos que funcionam como colaboradores e conselheiros imediatos do Papa e servem como enviados, chefes de congregações e tribunais da Cúria Romana.

∴

Minha Concepção de Deus

By∴ Reivax

Deus é a união de todas as forças universais,
Que cria e recria na mais infinita imensidão;
Intervindo em tudo para ampliar e criar mais,
Sem a menor dúvida e qualquer contestação;
Expandindo o Universo nos espaços siderais,
De forma que se possa auferir tal constatação.

Assim várias são as intuições da Divindade,
Pois sendo o Universo misto de formas mil,
Cada um é parte ativa desta própria deidade;
Não se excluindo nem mesmo um ser hostil,
Ainda que esse seja da mais alta veleidade,
Pois na natureza tudo é obra do Divino perfil.

Deus é legítimo amor e infinita paz divina.
Nas fieiras das diversas substâncias materiais,
Não há essência mais pura nem tão cristalina;
No mundo dos diversos elementos sensoriais,
Nada se conhece que dele possa ficar acima,
Porém, nem assim Ele se julga rei dos baais.

No universo dos chamados extrassensoriais,
Ele é o mais nobre e Sublime, certamente;

É a água e todos os demais compostos terrais
E é qualquer matéria, fria ou efervescente;
É o equívoco de alguns pseudointelectuais
E é a dúvida de alguns hereges peçonhentos.

É a ardente chama que destrói, é o fogo lento,
E é ainda o amor sublime que cria e constrói,
Modelando sopés de fortes ventos.
Ele é o remédio que mata o vírus que rói
É também o mar sereno, calmo e turbulento;
E ainda os altos e baixos. Enfim, é meu herói!

Ele concebeu todos os conhecidos elementos,
Desde a terra, a água, o fogo, o vento e o ar;
Foi Ele o Criador Supremo do firmamento,
Que nos brindou com o Céu, a Terra e o mar;
Ele é a alma que está dentro e que está fora.
É o Grande Arquiteto que criou para procriar.

Deus é a pura essência da energia criadora;
É Ainda o aforismo, é a matéria e é o logos;
É o que está dentro e também o que está fora.
Do livro Ele é o seu prefácio e o seu epílogo;
É o milênio, é o ano, é o dia, o minuto e hora;
É tudo quanto juro e muito mais do que digo.

Deus é o nosso legítimo e efetivo antecessor;
É tudo que se concebe e se diz e é o indivisível;
É o ser e o não ser, dos quais foi o inventor.
Ainda é a matéria na sua essência tangível;
E de todo o Universo é o Arquiteto Criador,
Sendo perceptível no evidente e no invisível.

Deus é todas as formas de energias criadoras,
É a essência cristalina de toda a humanidade;
É a medida de todas as formas construtoras;
É a força e a liga aglutinadora das unidades;
E é também a morte, com sua foice ceifadora,
Podando vidas, sem clemência nem piedade.

Deus não tem silhueta nem logradouro fixo,
Isto é um produto de nossa pobre imaginação;
Não se acha estático em nenhum crucifixo,
Porém se faz presente em qualquer dimensão;
Tudo Ele sabe sem qualquer sacrifício,
Pois pode ver em qualquer ângulo ou direção.

Ele é sem dúvida a alma viva do Universo;
É a paz, é a felicidade, é a tristeza e a alegria,
Que muita gente canta em prosa e versos.
Ele é um esculápio que cura os que expiam,
Amando todo mundo até os mais perversos,
Com a mesma intensidade, amor e fidalguia.

Deus é sapiência, é a filosofia e é o amor;
Ele é o místico nirvana que alguns emana,
Tanto na reflexão, quanto na agonia e na dor;
É o lótus real que mesmo belo nasce na lama
É o tão louvado pai de Jesus, o nosso Senhor,
O qual nesta terra de pânico e aversão expiou.

Deus é a energia criadora do logos imutável
Que está presente em quaisquer substâncias,
Mesmo que elas não sejam a nós agradáveis;
É o motor do Orbe com toda força e pujança
Que tudo recria, ainda que de forma inefável,
Sem nada pleitear e jamais impor arrogância.

Ele é a central energética de tudo que existe,
Podendo ser encontrado aqui e em qualquer lugar;
E ainda que esteja num menor grão de alpiste,
Da sua vista nada existe que se possa ocultar;
Está mais dentro de ti que tua própria malícia,
E está no infinito que jamais iremos alcançar.

Por certo alguns teólogos me vão execrar,
Insistindo na ideia dum Deus antropomórfico;
Mas Deus não nasceu na concepção popular,
Nem tampouco é fruto de axiomas ilógicos;
Pois é também o plural de qualquer singular,
E ainda é a essência de os incógnitos bióticos.

Ele é o Universo em ação, queiramos ou não.
Tanto faz se somos pobres ou se somos ricos,
Os seus planejamentos a todos atingirão.
Portanto, palmilhemos caminhos profícuos
Que nos moldem com espírito evoluído e são,
Visando atingir a mansidão do mais alto pico.

Deus é puro amor e é o bem contrário do mal,
Sendo, também, do vil o mais célebre oposto.
Porém, no hiperespaço deste universo genial,
O bem e o mal são dependentes um do outro.
Desta forma, sinto-me credenciado a afirmar,
Que de mal e de bem o Supremo é composto.

Todavia, muito existe que ainda me instiga.
Pois quando diviso esta excepcional criação,
Vislumbro o quanto cultivamos uma intriga.
Porém as Igrejas pregam um tal de perdão,
Apenas para quem o respeito não se obriga,
O que, admitamos, é uma tremenda aberração.

Ele é a essência do agregado de tudo que há,
Desde o micro e mais inconcebível elemento,
Até a mais gigantesca das galáxias a levitar;
É a força da energia que molda o firmamento,
Arrumando o novo e o velho em todo lugar,
Apenas para manter o mundo em movimento.

Deus está em tudo que possamos imaginar,
Está em você, em mim e em qualquer floral;
É a união e desunião de tudo que você pensar.
Ele coloca em sintonia este Orbe universal,
Atrelando e subtraindo aquilo que necessitar,
Para recriar e ampliar este Universo colossal.

Tudo que na raia do universo existe está vivo,
Pulsando como o fazem os nossos corações;
Os seus átomos formam os elementos ativos,
Que vibram nesta e em qualquer dimensão;
Pois a presença de Deus dá vida até ao inativo,
Mesmo que muitos o queiram, e outros não.

É explorando estes fenômenos verdadeiros,
Que muitos vilões se intitulam pregadores;
Mas dedicam suas vidas à busca do dinheiro,
Expropriando seus fiéis e frágeis seguidores.
Transformam templos em enormes cativeiros,
Citando serem de Deus ministros ou pastores.

Desta forma, recusam-se enfrentar o pesado,
Pois extraem dos fiéis o idolatrado dinheiro.
Daí, para os manter servis, criaram o pecado,
Com o qual ameaçam estamentos inteiros;
E mesmo sabendo que todos estão errados,
Continuam a tributar quem vive nesse cativeiro.

Capítulo II

O que é Maçonaria

É uma instituição que tem como objetivo tornar feliz a Humanidade pelo amor, pelo aperfeiçoamento dos costumes, pela tolerância, pela igualdade, pelo respeito à autoridade e a crença de cada um.

Muito se tem escrito e comentado nos dias atuais sobre o que é Maçonaria, que geralmente nem mesmo é mais muito secreta, e sim discreta, tendo como definição mais aceita a de uma Instituição educativa e filosófica cujo objetivo é o aperfeiçoamento moral, social e intelectual do homem, por meio do culto inflexível do dever, da prática desinteressada da beneficência e da livre e constante investigação da Verdade, atuando dentro dos padrões éticos consubstanciados na própria essência sociológica da política com a manutenção das grandes conquistas sociais da humanidade, na defesa do liberalismo e das ideias libertárias.

Assim, a Maçonaria tornou-se desde há muito uma Associação Universalista, Filantrópica, Filosófica, Espiritualista, Humanitária e Progressista, que baseia sua ação nos postulados de Liberdade, Igualdade e Fraternidade, Paz, Justiça Social e Democracia.

Não é uma religião, mas religiosa, pois é sublime reunir, no seio de uma Loja, judeus, cristãos, protestantes, católicos, espíritas, maometanos, israelitas e budistas, como monarquistas e republicanos e a todos dizer: "aqui, as vossas disputas não encontrarão eco; aqui, não ofendereis a ninguém e ninguém vos ofenderá, pois a Maçonaria nos faz aceitar a todos como iguais".

Ela, a Maçonaria, procura homens experimentados, de espíritos amadurecidos e resolutos, a fim de dar à humanidade condutora hábil pelo Estudo e implacáveis no cumprimento do dever.

> *A Maçonaria é uma Ordem Universal formada de homens de todas as raças, credos e nacionalidades, acolhidos por suas qualidades morais e intelectuais e reunidos com a finalidade de construírem uma Sociedade Humana, fundada no Amor Fraternal, na esperança com amor a Deus, à Pátria, à Família e ao Próximo, com Tolerância, Virtude e Sabedoria e com a constante investigação da Verdade e sob a tríade LIBERDADE, IGUALDADE E FRATERNIDADE, dentro dos princípios da Ordem, da Razão e da Justiça, o mundo alcance a Felicidade Geral e a Paz Universal.*

Lojas Maçônicas

Não existe nenhum documento que comprove a existência de Lojas Maçônicas no Brasil, no século XVIII. As citações e evidências que possuímos são de algumas Sociedades Secretas Políticas, ou Clubes. Existem algumas citações de Sociedades Secretas, a partir de 1724 (um ano antes ser criado o Grau de Mestre), até 1796. Com o **Areópago de Itambé,** que se subdividiu em três outras Sociedades Secretas.

Com a violenta liquidação – por parte dos donos do poder – do **Areópago de Itambé,** em 1801, foi fundada em 1802, no Engenho Suassuna, a **Academia dos Suassunas,** dos Irmãos Cavalcante de Albuquerque, com a participação do Padre Roma (José Inácio de Abreu e Lima); do Frei Joaquim do Amor Divino **Caneca** e do Padre Miguelino (todos Maçons); e também a Academia Paraíso, fundada em 1802, e que tinha como secretário o Padre Francisco **Muniz Tavares**; e a Academia de Igarassu, que tinha como líder o Irmão Antonio Carlos Ribeiro Machado de Andrada e Silva. Todas elas funcionando na província de Pernambuco.

Em 07/03/1724, havia sido fundada em Salvador – Bahia – pelo Padre Gonçalo Soares da França, o Cel. Sebastião Rocha Pitta e desembargador Caetano de Brito.

Segundo Kurt Prober, suas Atas foram queimadas na última Sessão levada em efeito em 04-02/1725.

Em 1759, foi fundada, ainda em Salvador, a **Academia dos Renascidos**; e a **Arcádia Ultramarina** foi fundada, na cidade do Rio de Janeiro, em 1796; assim também, em Ouro Preto, em 1786, começara a funcionar na casa do militar Gomes Freire, um núcleo político Revolucionário que levou o nome de Clube dos Inconfidentes.

Embora todos, ou quase todos os clubes e Academias, possuíssem alguns Maçons (em Ouro Preto havia 2 – José Álvares Maciel e José Joaquim de Maia); na **Ultramarina,** Silva Alvarenga, todavia, não se poderia dizer que fosse Maçonaria, que fossem Lojas maçônicas. Eram, isto sim, Clubes Políticos secretos. Mas não se pode confundir Clube Político (embora secreto) com Maçonaria. Senão teríamos que incluir entre os mesmos os Tribunais de Santa Vhemme, alemães (século X), o Tribunal de Santo Ofício, de Inquisição (século IX), e outros.

Fonte: Assis Carvalho – Xico Trolha.
Itambé – Berço Heróico da Maçonaria Brasileira. Londrina: "A TROLHA".

∴

Por Que Um Padre se Torna Maçom?

No tempo colonial, como era de costume os pais escolherem o futuro dos filhos, as famílias abastadas, predominantemente católicas, mandavam seus filhos para o estrangeiro estudarem, principalmente nos Seminários, para serem Padres. Assim, os brasileiros que foram estudar na Europa, influenciados pelos ideais da Independência dos Estados Unidos e da Revolução Francesa, embebidos nos conceitos de soberania trouxeram estes ideais para o Brasil, dando início à luta pela liberdade, como veremos adiante.

Por que eles entraram na Maçonaria? Quais intuitos levaram a Maçonaria a aliciar para suas fileiras Bispos e Padres? E, sobretudo, é preciso ver que tipo de Padres ela conseguiu atrair.

Todos os nomes dos Bispos, Padres e Frades por eles citados, salvo algumas exceções, são geralmente do início do século passado, quando, em muitos meios políticos, predominava a ideia da Independência do Brasil.

A própria Maçonaria de então foi fundada no Brasil com finalidades pronunciadamente políticas. Algumas Lojas de Pernambuco foram fundadas por Padres, como a Loja ou Academia Areópago do Itambé, fundada pelo Carmelita Arruda Câmara, em 1801; a Loja do Paraíso ou Loja Suassuna, fundada pelo Padre João Ribeiro. Ora, esses Frades ou Padres quase nada sabiam ou não se interessavam pelas doutrinas maçônicas; o que queriam eram ambientes secretos onde discutir suas ideologias liberais ou ideias revolucionárias.

As Lojas de Pernambuco e da Bahia, lá pelos anos 1810, como também as do Rio, pelos anos de 1820, eram de fato centros políticos, que "tramavam" a independência. Até as publicações maçônicas insistem neste particular. O Maçom Adelino Figueiredo Lima, no seu livro *Nos Bastidores do Mistério* (Rio, 1954, p. 137), ao falar da fundação do Grande Oriente, escreve: "*E encerrou-se a Sessão sob o Juramento solene de que a nova Potência maçônica independente tinha um fim específico a cumprir: fazer a independência do Brasil*". E não faltaram então Padres e Frades patriotas e políticos que alimentavam o mesmo ideal. Aliás, a Revolução de

1817 não é conhecida como a Revolução de Maçons, mas como a Revolução dos Padres.

Além disso, Frei Caneca, Frei Sampaio, Cônego Januário e outros foram, talvez, excelentes patriotas e hábeis políticos, mas não se pode por isso dizer que fossem também sacerdotes disciplinados e religiosos exemplares. Identificam-se os ideais políticos desses padres com os ideais políticos da Maçonaria de então, que, ao menos no Brasil, ainda não manifestara provas de anticlericalismo. E, para conseguir a independência, conjugaram suas forças. Não como sacerdotes, mas como políticos, apesar de sacerdotes, tornaram-se Maçons.

Convém notar que entre o Bispo Azeredo Coutinho (1802) e D. Marques Perdigão (1830) a diocese de Olinda esteve praticamente acéfala durante 30 anos. O 13º Bispo de Olinda, D. Frei José da Santa Escolástica, eleito em 1802, não veio a Pernambuco, o 14º Bispo, D. Frei José Maria de Araújo, eleito em 1804, só chegou a Pernambuco em dezembro de 1807, para falecer logo em seguida. O 15º Bispo, D. Frei Antônio de São José Bastos, eleito em 1810, nunca veio a Pernambuco, morrendo em 1819 no Rio, sem conhecer a sua diocese; o 16º Bispo, D. Frei Gregório José Veigas, eleito em 1820, não chegou a tomar posse da diocese, morrendo em Lisboa; o 17º Bispo, D. Tomás de Noronha, eleito em 1823, só foi confirmado bispo de Olinda em maio de 1828, resignando em agosto do ano seguinte, entregando o bispado ao cabido. O 18º Bispo, D. João da Purificação Marques Perdigão, eleito em 1829 e confirmado em 1831, encontrou a diocese num estado deplorável.

Durante 30 anos sem Bispo, clero e religiosos estavam habituados à anarquia. Esse período foi a época das revoluções, revoluções de padres, em grande parte ordenados fora da diocese e não encardinados. Alguns deles, como o célebre **Padre Roma**, cujo nome real era José Inácio Ribeiro de Abreu e Lima, nascido no Recife, que professou entre os Frades carmelitas de Goiana, de onde fugiu para Portugal e depois para Roma, onde diz que foi ordenado pessoalmente pelo Papa Pio VII, retomou ao Recife onde teve dois filhos, foi enviado pelo governo provisório de 1817 à Bahia para levantar o povo em favor da causa revolucionária, e foi fuzilado na Praça da Pólvora na Bahia. O autor de Os Mártires Pernambucanos o classifica como apóstata (G. Vilar de Carvalho, A liderança do clero nas revoluções republicanas – 1817-1824, p. 76.)

Mas historiadores de grande peso, como E. Vilhena de Moraes, põem em dúvida seu caráter sacerdotal, afirmando que "nem sequer se sabe ao certo se chegou realmente ao presbiterado" (O Patriotismo e o Clero no Brasil, Rio, 1929, p. 24). De fato, não foi encontrado nenhum documento que ateste sua ordenação. Essa era a situação do clero secular e regular na época das revoluções pernambucanas.

> *Quando D. João da Purificação Marques Perdigão chegou a Olinda, todo o país, de sul a norte, estava envolto nas revoluções e insurreições ocorridas no período das Regências Trinas de 1831 a 1835, que no Norte receberam o nome de Guerra dos Cabanos ou Cabanada. Foi a intervenção enérgica e pacificadora do Bispo de Olinda, D. Perdigão, que, por meio de suas pastorais, em que fazia importantes exortações ao clero e aos fiéis, procurando convencer os litigantes de que deviam iniciar um período de paz, que logrou pôr termo à Cabanada, em 1835.*

Deve-se notar ainda, que nessa época e até mesmo durante todo o Império, os Padres e políticos não se sentiam adstritos, em consciência, às leis da Santa Sé, que condenavam e interditavam a Maçonaria, visto que o regalismo reinante na época se negava a dar-lhes seu "necessário" Beneplácito, para obterem força de lei.

Além disso, nesses inícios, a Maçonaria incipiente não se tinha ainda inserido nas estruturas do poder e não se tinha revelado anticlerical. Foi somente durante o Segundo Império que ela logrou o poder ministerial e militar. Quase todos os Ministros e Governadores de Estados foram copiados pela Maçonaria. Mais ainda, a Maçonaria tinha se infiltrado em quase todas as confrarias e irmandades da Igreja e pretendia dominar o próprio poder eclesial. Em Olinda, o próprio Deão, Joaquim Francisco de Faria, Vigário Capitular que, em duas vacâncias, tinha sido governador da Diocese, teve de ser suspenso pelo Bispo por causa da sua recusa em desligar-se da Maçonaria.

Revoltado, ele liberou, como vimos, a insurreição dos Maçons contra os jesuítas, cujo colégio foi assaltado e destruído; contra o jornal católico "União", cuja tipografia foi destroçada, e contra a residência do Bispo, que só não foi invadida porque na última hora surgiu uma proteção policial.

Vinte e Cinco Perguntas sobre Maçonaria

1. **O que é Maçonaria?** – A Maçonaria é uma instituição essencialmente filosófica, filantrópica, educativa e progressista.

2. **Por que é filosófica?** – É filosófica porque em seus atos e Cerimônias ela trata da essência, propriedades e efeitos das causas naturais. Investiga as leis da Natureza e relaciona as primeiras bases da moral e da ética pura.

3. **Por que é filantrópica?** – É filantrópica porque não está constituída para obter lucro de nenhuma classe, pelo contrário, suas arrecadações e seus recursos se destinam ao bem-estar do gênero humano, sem distinção de nacionalidade, sexo, religião ou raça. Procura conseguir a felicidade dos homens por meio da elevação espiritual e pela tranquilidade da consciência.

4. **Por que é progressista?** – É progressista porque, partindo do princípio da imortalidade do espírito e da crença em um princípio criador regular e infinito, não se apega a dogmas, prevenções ou superstições e não opõe nenhum obstáculo ao esforço dos seres humanos na busca da verdade, nem reconhece outro limite nessa busca senão a da razão com base na ciência.

5. **Quais são seus princípios?** – A liberdade dos indivíduos e dos grupos humanos, sejam eles instituições, raças ou nações; a

igualdade de direitos e obrigações dos seres e grupos sem distinguir a religião, raça ou nacionalidade; a fraternidade de todos os homens, já que somos todos filhos do mesmo Criador e, portanto, irmãos.

6. **Qual é o seu lema?** – Ciência, Justiça e Trabalho. Ciência para esclarecer os espíritos e elevá-los; Justiça, para equilibrar e enaltecer as relações humanas; e Trabalho por meio do qual os homens se dignificam e se tornam independentes economicamente. Em uma palavra, a Maçonaria trabalha para o melhoramento intelectual, moral e social da humanidade.

7. **Qual é seu objetivo?** – Seu objetivo é a investigação da verdade, o exame da moral e a prática das virtudes.

8. **O que entende a Maçonaria por Moral?** – A moral é, para a Maçonaria, uma ciência baseada no entendimento humano. É a lei natural e universal que rege todos os seres racionais e livres. É a demonstração científica da consciência. E essa maravilhosa ciência nos ensina nossos deveres e a razão do uso dos nossos direitos. Toda vez que a moral penetra fundo em nossa alma podemos sentir a Verdade e a Justiça triunfarem.

9. O **que entende a Maçonaria por Virtude?** A Maçonaria entende que a Virtude é a força que nos impele a fazer o bem em seu mais amplo sentido; é a força que nos impele ao cumprimento de nossos deveres para com a sociedade e para com a nossa família sem interesse pessoal. Em resumo: a virtude não retrocede nem ante o sacrifício e nem mesmo ante a morte, quando se trata do cumprimento do dever.

10. **O que entende a Maçonaria por Dever?** – A Maçonaria resume o Dever do homem assim: "Respeito a Deus, amor ao próximo e dedicação à família". Em verdade, essa é a maior síntese da fraternidade universal.

11. **A Maçonaria é religiosa?** – Sim, é religiosa, porque reconhece a existência de um único princípio criador, regulador, absoluto, supremo e infinito ao qual dá o nome de Grande Arquiteto do Universo; porque é uma entidade espiritualista em contraposição

ao predomínio do materialismo. Estes fatores, indispensáveis para a interpretação verdadeiramente religiosa e lógica do Universo, formando a base de sustentação e são as grandes diretrizes de toda a ideologia e atividade maçônica.

12. **A Maçonaria é uma religião?** – Não. A Maçonaria não é uma religião. É uma sociedade que tem por objetivo unir os homens, no sentido mais amplo e elevado do termo e, nesse seu esforço de união dos homens, admite em seu seio pessoas de todos os credos religiosos sem nenhuma distinção.

13. **Para ser Maçom é necessário renunciar à sua religião?** – Não, porque a Maçonaria abriga em seu seio homens de qualquer religião, desde que acreditem em um só Criador. A afirmação de que é necessário renunciar à religião para ser recebido Maçom foi feita durante a Inquisição e difundida pela ignorância que grassava à época. Acreditada como verdade possui resquícios até os dias atuais, principalmente entre fanáticos religiosos. Ilustres prelados têm pertencido à Ordem Maçônica como, por exemplo, o Cura Hidalgo, Paladino da Liberdade Mexicana; o Padre Calvo, fundador da Maçonaria na América Central; o Arcebispo da Venezuela, Don Ramon Ignácio Mendez; o Padre Diogo Antonio Feijó; Cônegos Luiz Vieira, José da Silva de Oliveira Rolin, da Inconfidência Mineira, Frei Miguelino, Frei Caneca e muitos outros.

14. **Quais outros homens ilustres foram Maçons?** – Filósofos como Voltaire, Goethe e Lessing; músicos como Beethoven, Haydn, Sibelius e Mozart; militares como Frederico, o Grande, Napoleão e Garibaldi; poetas como Byron, Lamartine e Hugo; escritores como Castellar, Mazzini e Espling.

15. **Somente na Europa houve Maçons ilustres?** – Não. Também na América houve. Os libertadores da América foram todos Maçons. Washington nos Estados Unidos; Miranda, o Padre da Liberdade sul-americana; San Martin e O'Higgins, na Argentina; Bolívar, no norte da América do Sul, Marti, em Cuba; Benito Juarez, no México e o Imperador D. Pedro I, no Brasil.

16. **Quais foram os Maçons de destaque no Brasil?** – D. Pedro I, José Bonifácio, Gonçalves Ledo, Luis Alves de Lima e Silva (Duque de Caxias), Joaquim Nabuco, Deodoro da Fonseca, Floriano Peixoto, Barão de Mauá, Líbero Badaró, Prudente de Morais, Campos Salles, Rodrigues Alves, Nilo Peçanha, Hermes da Fonseca, Wenceslau Braz, Washington Luiz, Rui Barbosa e muitos outros.

17. **A Maçonaria é tolerante?** – A Maçonaria é eminentemente tolerante e exige dos seus Membros a mais ampla tolerância. Respeita as opiniões políticas e crenças religiosas de todos os homens, reconhecendo que todas as religiões e ideais políticos são igualmente respeitáveis, rechaçando toda pretensão de outorgar situações de privilégio a qualquer uma delas em particular.

18. **O que a Maçonaria combate?** – A ignorância, a superstição, o fanatismo, o orgulho, a intemperança, o vício, a discórdia, a dominação e os privilégios.

19. **A Maçonaria é uma sociedade secreta?** – Não. Pela simples razão de que sua existência é amplamente conhecida. As autoridades de vários países lhe concedem personalidade jurídica. Seus fins são amplamente difundidos em dicionários, enciclopédias, livros de história etc. O único segredo que existe e não se conhece senão por meio do ingresso na instituição, são os meios usados pelos Maçons para se reconhecerem entre si, em qualquer parte do mundo e o modo de interpretar seus Símbolos e os ensinamentos neles contidos.

20. **Quais são as principais obras da Maçonaria no Brasil?** – A Independência, a Abolição da Escravatura e a República. Isto para citar somente os três maiores feitos da nossa história nos quais os Maçons tomaram parte ativa.

21. **Quais são as condições indispensáveis para ser Maçom?** – Crer na existência de um princípio Criador; ser Homem Livre e de Bons Costumes; ser consciente de seus deveres para com a Pátria, seus semelhantes e consigo mesmo; ter uma profissão ou ofício lícito e honrado que permita prover as suas necessidades pessoais, de sua

família e a sustentação das obras da instituição; ser convidado por um Maçom e aprovado pelos demais.

22. **O que se exige dos Maçons?** – Em princípio, tudo aquilo que se exige para o ingresso em qualquer outra instituição: respeito aos seus estatutos e regulamentos, além de acatamento às resoluções da maioria, tomadas de acordo com os seus princípios que as regem os quais, no caso da Maçonaria, são: "amor à Pátria, respeito aos governos legalmente constituídos e às leis do país". Em particular, se exige: a guarda do sigilo dos Rituais maçônicos; conduta correta e digna dentro e fora da Maçonaria; dedicação de parte do seu tempo para assistir às reuniões maçônicas; prática da moral, da igualdade e da solidariedade humana e da justiça em toda sua plenitude. Além disso, proíbe terminantemente dentro da instituição, ou em seu nome, as discussões político-partidárias ou religiosas sectárias, porque prefere uma ampla base de entendimento evitando que sejam divididos por pequenas questões da vida civil.

23. **O que é um Templo Maçônico?** – É um lugar onde se reúnem os Maçons periodicamente para praticar as Cerimônias ritualísticas que lhes são permitidas, em um ambiente fraternal e propício pra concentrar suas atenções e esforços para melhorar seus caráter e espírito, desenvolvendo seu sentimento de responsabilidade, fazendo-lhes meditar tranquilamente sobre a missão dos homens na vida e recordando-lhes constantemente os valores eternos cujo cultivo lhes possibilitará acerar-se da Verdade.

24. **O que se obtém sendo Maçom?** – A possibilidade de aperfeiçoar-se, instruir-se, disciplinar-se, de conviver com pessoas que por suas palavras e obras podem constituir-se em exemplos, de encontrar afetos fraternais em qualquer lugar do mundo, de ter a enorme satisfação de haver contribuído, mesmo em pequena parcela, para a obra moral e grandiosa do desenvolvimento humano. A Maçonaria não considera possível o progresso senão com base do respeito à personalidade, à justiça social e à mais estreita solidariedade entre os homens. Ostenta o seu lema "Liberdade, Igualdade e

Fraternidade" com a abstenção das bandeiras políticas e religiosas. O segredo maçônico, que de má-fé e caluniosamente tem se servido os seus inimigos para fazê-la suspeita entre os espíritos cândidos ou em decadência não é um dogma senão um procedimento, uma garantia, uma defesa necessária e legítima, como inevitavelmente tem sucedido com todo direito e seu dever correlativo, o preceito das reservas maçônicas já tem experimentado sua evolução no tempo e segundo os países. A Maçonaria não tem preconceito de poderes e nem admite em seu seio pessoas que não tenham um mínimo de cultura que lhes permitam praticar os seus sentimentos e tenham uma profissão ou renda com que possam atender às necessidades dos seus familiares, fazer face às despesas da sociedade e socorros aos necessitados.

O Dia do Maçom

No decorrer da semana, onde se encontra inserido o dia "**20 de agosto**", a maioria, senão todas as Lojas Maçônicas do Brasil, estará discorrendo sobre esta data em Homenagem ao "**Dia do Maçom**".

Segundo afirma o respeitável pesquisador e escritor, o nosso Irm.·. A. Tenório d'Albuquerque, no passado, isto é, nos primórdios da Maçonaria no Brasil quando ainda não havia partidos políticos no país, eram nas tribunas dos Templos maçônicos que se discutiam os assuntos de interesses relacionados à Independência do nosso país, principalmente os ideais de liberdade em que as lideranças mais importantes protagonizadas por Joaquim Gonçalves Ledo e José Bonifácio de Andrada e Silva defendiam suas ideias.

Para reverenciar a memória daqueles valentes Irmãos, a quem muito devemos pelos seus valorosos trabalhos em prol da luta pela nossa independência, é que foi criado "O Dia do Maçom", que foi instituído na 5ª Mesa-Redonda das Grandes Lojas do Brasil realizada nos dias 17 a 21 de junho de 1957 em Belém do Pará.

Originariamente, a ideia surgiu da "Loja Maçônica Acácia Itajaiense" da cidade de Itajaí de Santa Catarina, que encaminhou à Grande Loja de seu Estado, em março daquele ano. Pretendiam os Irmãos daquela Loja ("Acácia Itajaiense") que o Dia do Maçom fosse o dia 21 de abril. A ideia foi levada à "Mesa-Redonda" e lá, por sugestão da Grande Loja de Minas Gerais, foi estabelecido o dia 20 de agosto, por, acreditar, ser neste dia que a Independência do Brasil foi proclamada em um Templo maçônico por Joaquim Gonçalves Ledo, então 1º Vig.·. substituindo o Grão-Mestre D. Pedro que estava viajando a São Paulo.

Esta 5ª Mesa-Redonda mais tarde se transformou na CMSB – Confederação da Maçonaria Simbólica do Brasil, com sede em Brasília e, para quem não sabe: Confederação é um conjunto de Potências Maçônicas que se reúnem para fins especiais. Esta Confederação (CMSB) é formada por 27 Grandes Lojas, uma Potência ou Obediência em cada estado da Federação, autônomas e independentes entre si e, como temos 27 estados, daí, 27 Grandes Lojas.

Assim, fica entendido que foram as Grandes Lojas Brasileiras que, por consenso, estabeleceram o dia 20 de agosto como o "Dia do Maçom" brasileiro, e o Grande Oriente do Brasil, por adesão, através de um decreto introduziu em seus Regulamentos a observância de feriado no dia 20 de agosto como o Dia do Maçom, segundo afirmara o pesquisador e escritor José Castellani, Grande Secretário de Educação e Cultura do Grande Oriente do Brasil.

Hoje sabemos, e já se sabia em 1957, que no dia 20 de agosto de 1882 não houve a chamada 14ª Sessão no Grande Oriente do Brasil, e Gonçalves Ledo não proclamou a Independência do Brasil, a qual foi na realidade proclamada pelo nosso Irmão D. Pedro, o "Guatimozim", no dia 7 de setembro de 1882 nas margens do Ipiranga. Daí, o que aconteceu foi um lamentável engano, um erro na transposição de datas, pelo Irm.·. José Maria da Silva Paranhos – Visconde do Rio Branco.

A Famosa 14ª Sessão ocorrida no 6º mês do ano de 5882

da V∴ L∴ não foi no dia 20 de agosto, e sim a 07 de setembro de 1882. Neste dia, realmente, aconteceu a 14ª Sessão e o nosso Irmão Gonçalves Ledo pronunciou-se a respeito conclamando: "*As atuais circunstâncias de nossa Pátria, o rico, fértil e poderoso Brasil, demandavam e exigiam imperiosamente que sua categoria fosse inabalavelmente, formada com a Proclamação de nossa Independência na pessoa do augusto príncipe perpétuo do Reino do Brasil*". Foi aplaudido de pé calorosamente.

Esta confusão foi criada pelos historiadores ao fazerem a transposição das datas quando ao interpretar o "Livro de Ouro" o mais importante Livro Histórico que o Grande Oriente do Brasil (Brasiliano) possui e guarda a sete chaves. É um Livro que contém 19 Atas de 16/06/1882 a 20/10/1882.

Calendários: A Maçonaria, nos primeiros dias de sua existência, usava o "Calendário Hebraico", o mesmo usado pelo Rito Adonhiramita, o primeiro Rito introduzido no Brasil, ainda hoje usando este mesmo calendário. Era muito confusa a transposição de datas, porque o calendário hebraico era formado por ano lunar e ano solar, ao mesmo tempo, de modo que existiam anos de 12 meses e outros de 13 meses; sem entrarmos em maiores detalhes, apenas exemplificar que o ano Hebraico começava em 21 de março; daí acrescentava o número 3.760 ao calendário gregoriano e teremos o A∴ L∴ ou Ano Mundi, e para calcular o ano em si, basta acrescentar 3.760 ao ano de E∴ V∴. Mais tarde, para melhor entendimento, admitiu-se o Pseudo-hebraico, que acrescenta 4.000 anos à E∴ Vulgar, conforme o Livro da Lei, a Bíblia, apesar de que a ciência afirma haver 4,5 bilhões de anos a idade da terra.

Sabemos que a partir de 25-10-1882, D. Pedro mandou realizar uma devassa, apreendendo móveis, alfaias e documentos, não só do Grande Oriente do Brasil, mas também das lojas que o compunham: Comércio e Artes, União e Tranquilidade e Esperança de Niterói. O Capitão Irm∴ Manoel José de Oliveira, o Irm∴ Bolívar, Secretário, escondeu, guardando consigo este precioso Livro é que podemos, hoje, saber de uma boa parte dos acontecimentos. O Irm.·. Bolívar guardou consigo este livro e outros documentos, vindo a incorporá-los após a reinstalação do Grande Oriente do Brasil em 1831.

O Dia Internacional do Maçom

Surgiu em 1994 durante a Reunião Anual dos Grão-Mestres da América do Norte, realizada em Washington, na qual participou, como observador convidado, o Grão-Mestre do Grande Oriente do Brasil, **Francisco Murilo Pinto**, ao lado de vários Grão-Mestres europeus e, nesta ocasião, o Grão-Mestre da Grande Loja Regular de Portugal propôs que a data de nascimento de George Washington – 22 de fevereiro – fosse considerada como "O DIA INTERNACIONAL DO MAÇOM", porque na realidade George Washington foi um dos maiores Maçons de sua época e o maior nome do movimento da Independência dos Estados Unidos, o qual serviria de paradigma para as campanhas libertárias dos países centro e Sul-americanos e influenciaria a Revolução Francesa.

George Washington foi um general que comandou, durante cinco anos, a luta pela Independência dos Estados Unidos, portanto, nada mais justo, nada mais autêntico que escolher o seu nome nesta Homenagem. Esta proposta foi aprovada por unanimidade e, em decorrência disso, o Grão-Mestre do Grande Oriente do Brasil instituiu, através de um Decreto, em 10 de fevereiro de 1995 o "*Dia Internacional do Maçom*" a ser comemorado a 22 de fevereiro em todas as Lojas da Jurisdição.

Capítulo III

Conflitos

A Maçonaria no Brasil (Resumo)

O movimento maçônico no Brasil teve início em caráter eminentemente político a partir das ideias libertárias influenciadas não só pela independência dos Estados Unidos, mas também, e sobretudo, pela Revolução Francesa, que iriam determinar as constantes transformações na civilização que hoje conhecemos.

Formaram agrupamentos de Maçons em Olinda, Salvador, Rio de Janeiro, Campos e Niterói, em fins do século XVIII e nos inícios do século passado. Mas não havia organização federativa entre essas Lojas: algumas se instalaram subordinadas ao Grande Oriente de Portugal; outras, ao Grande Oriente da França; e outras, ainda, independentes.

Assim como na França, no Brasil, as pessoas mais aquinhoadas, ricas, portanto de um melhor poder aquisitivo, viviam ociosamente. O trabalho para elas era alguma coisa degradante. Não havia, para muitos, a preocupação em estudar, se preparando para desempenhar um melhor *status*, pois os escravos, bem como outros menos favorecidos, dos quais eram donos e senhores, é quem deveriam desempenhar todas as funções físicas e até mesmo mentais.

A esses mandavam estudar, pois era um investimento da maior importância. Por esta razão é que das camadas pobres e das chamadas ignorantes é que saem os revolucionários, cansados de sofrer, na pele, as torturas do sofrimento, da discriminação. (Se transformando em verdadeiros heróis.)

Escreve Viriato Corrêa em seu livro A história da liberdade no Brasil:

> *é uma sucessão de lutas que nos dignificam; pois parece que Deus deu ao povo brasileiro o instinto da liberdade! O brasileiro já nasce querendo ser livre. E isso desde que o Brasil é Brasil. Ou melhor, isso antes mesmo de o Brasil ser Brasil.*

Sim, antes mesmo de o Brasil ser Brasil, ainda não éramos uma nação, estávamos ainda em plena escuridão de nossa madrugada histórica, sem saber nem mesmo até onde se estendia o território nacional

O brasileiro teve sempre a vocação da liberdade. Não quis nunca ter dono. Não quis nunca ser escravo. "A história do Brasil, desde os primeiros dias da colonização até os dias presentes, é o constante esbravejar de um povo para ser senhor de si mesmo."

As Lojas Maçônicas foram se instalando gradativamente.

No início do século XIX encontramos na Capitania pernambucana numerosas sociedades secretas que recebiam o nome de Academias, como o Areópago, fundado pelo frade Arruda Câmara, a Academia dos Suassunas, a Academia do Paraíso, a Universidade Secreta de Antônio Carlos, a Escola Secreta de Guimarães Peixoto, a Oficina de Igaraçu.

∴

O Seminário de Olinda

O Seminário de Olinda, fundado em 1800 por D. Joaquim

José da Cunha de Azeredo Coutinho, regalista e Maçom (primo do reitor da Universidade regalista e liberal de Coimbra), produziu todos os líderes eclesiásticos das futuras revoluções políticas, mas em nada contribuiu para a evangelização do povo (J. F. Hauck, in História da Igreja no Brasil, 11/2, p. 89). "O Seminário de Olinda tornou-se um ninho de ideias liberais e subversivas." Seus Padres professores haviam bebido na Universidade de Coimbra a formação liberal, galicana e regalista.

Bispo Azeredo Coutinho

"O Seminário acolhia, indistintamente, não somente os jovens destinados à carreira eclesiástica, mas todos os que lhe pediam luzes e instrução" (K. Bihlmeyer, P. F.S. Camargo, História da Igreja, III; 1963, pp. 413-415). A turma fundadora do Seminário de Olinda constava aí de 133 alunos, sendo 33 seminaristas e 100 de fora.

A Importância do Seminário de Olinda

Este Seminário era uma das melhores escolas secundárias do Brasil. Nela, os jovens eram formados segundo um novo modelo inspirado na observação da natureza e na valorização de um espírito prático, afastando-se das especulações do ensino jesuítico.

O Seminário de Olinda

Esse era o modelo de sacerdote que se pretendia formar no Seminário, educando sempre jovens atentos aos elementos da natureza, mas também contribuía, para formar, no plano político, republicanos desejosos de livrar-se de Portugal.

Foram esses pressupostos pedagógicos que orientaram a educação de Frei Caneca. Seguiu vida religiosa e participou ativamente nos centros políticos liberais. Tornou-se professor de retórica e de geometria no convento. Desenvolveu estudos de gramática quando esteve na prisão e lecionou filosofia. Influenciado pelas ideias liberais de sua época, participava de um grupo de pessoas que partilhavam com os princípios defendidos pelas lideranças da Revolução Francesa e da Independência do EUA.

Além disso, elaborou textos de conteúdo didático preocupado em instruir o povo, segundo os valores que acreditavam corretos. Frei Caneca foi "defensor do equilíbrio dos poderes, do respeito à constituição e, sobretudo do fortalecimento da civilização através da educação, do esclarecimento, da propagação das Luzes do saber" (MOREL, 2000 apud FRANCISCO VERRI).

O religioso concebeu a educação como aquela que liberta as massas, e a forma de conseguir conquistar os objetivos passa tanto pela educação quanto pelo meio de comunicação, tanto assim que, em 1823, fundou um jornal para conseguir transmitir os seus pensamentos. A igreja na época estava sendo tolhida de expor seus pensamentos.

A religiosidade estava presente dentro das ideias da revolução pernambucana. Em nenhuma outra região, a impopularidade da Corte portuguesa foi tão intensa quanto em Pernambuco. Outrora um dos mais importantes e prósperos centros da produção açucareira do Nordeste brasileiro, Pernambuco estava atravessando uma grave crise econômica em razão do declínio das exportações do açúcar e do algodão. Além disso, a grande seca de 1816 devastou a agricultura, provocou fome e espalhou a miséria pela região.

> *A longa lista dos estudantes de fora compreende um grupo numeroso de carmelitas, entre os quais, o mais famoso, frei*

Joaquim do Amor Divino (frei Caneca), com vários outros que foram célebres na história da Igreja ou na civil, bem como nas ciências e nas letras (Mons. S. Leite Nogueira, O Seminário de Olinda, 1985, pp. 208-209).

Outro aluno carmelita, célebre companheiro de frei Caneca, foi o frei José Maria do Sacramento Brayner, chamado: "Padre dos Couros", porque usava um gibão de couro como os guerrilheiros, e organizou um batalhão armado conhecido como os "Encouraçados do Pedrão". "Não causa espanto, diz o Cônego José do Carmo Barata, que, nessa época, os alunos do Seminário gozassem de todas as liberdades, nada compatíveis com sua formação eclesiástica e científica, participando ativamente de todos os movimentos revolucionários ... frequentando as Academias (Lojas Maçônicas), das quais os seus mestres (sacerdotes) eram os principais sustentadores." "O Seminário de Olinda tomou-se o ninho onde se formaram os pioneiros da independência nacional" (Escola de Heróis).

Frei José Maria do Sacramento Brayner

“Viva a Confederação!”, “Vivam os Patriotas!” – Seminário de Olinda – PE

A Presença de Clérigos na Maçonaria

Para mostrar que não há absolutamente nenhuma incompatibilidade entre a Igreja e a Maçonaria, os folhetos de propaganda maçônica trazem infalivelmente este argumento: até Bispos, Padres e Frades entraram na Maçonaria. E citam o conde de Irajá, Bispo do Rio de Janeiro; Dom José Joaquim de Azeredo Coutinho, Bispo de Olinda, que eram Maçons; Cônego Januário, Frei Caneca, Frei Sampaio, Frei Montalverne e outros que entraram na Maçonaria.

Os seminaristas de Olinda circulavam do Seminário para as Lojas, onde, junto com seus Mestres, encontravam ambiente

Francisco de Montalverne – Frei – Conde

propício para debater suas ideologias liberais. Não é preciso negar esse fato. Mas importa explicá-los no seu contexto histórico. Por que eles entraram na Maçonaria? Quais intuitos levaram a Maçonaria a aliciar para suas fileiras Bispos e Padres? E, sobretudo, é preciso ver que tipo de Padres ela conseguiu atrair.

Todos os nomes dos Bispos, Padres e Frades por eles citados são geralmente do início do século passado, quando, em muitos meios políticos, predominava a ideia da Independência do Brasil. A própria Maçonaria de então foi fundada no Brasil com finalidades pronunciadamente políticas. Algumas Lojas de Pernambuco foram fundadas por Padres, como a Loja ou Academia Areópago, fundadas pelo carmelita Arruda Câmara, em 1801; a Loja do Paraíso ou Loja Suassuna, fundada pelo Padre João Ribeiro. Ora, esses Frades ou Padres quase nada sabiam ou não se interessavam pelas doutrinas maçônicas; o que queriam eram ambientes secretos onde discutir suas ideologias liberais ou ideias revolucionárias. As Lojas de Pernambuco e da Bahia, lá pelos anos 1810, como também as do Rio, pelos anos de 1820, eram de fato centros políticos, que "tramavam" a independência. Até as publicações maçônicas insistem neste particular.

O Maçom Adelino Figueiredo Lima, no seu livro *Nos Bastidores do Mistério* (Rio, 1954, p. 137), ao falar da fundação do Grande Oriente, escreve: "*E encerrou-se a Sessão sob o Juramento solene de que a nova Potência maçônica independente tinha um fim específico a cumprir: fazer a independência do Brasil*". E não faltaram então Padres e Frades patriotas e políticos que alimentavam o mesmo ideal. Aliás, a Revolução de 1817 não é conhecida como *a revolução de Maçons, mas como a revolução dos Padres.*

Além disso, Frei Caneca, Frei Sampaio, Cônego Januário e outros foram, talvez, excelentes patriotas e hábeis políticos, mas não se pode por isso dizer que fossem também sacerdotes disciplinados e religiosos exemplares. Identificam-se os ideais políticos desses Padres com os ideais políticos da Maçonaria de então, que, ao menos no Brasil, ainda não manifestara provas de anticlericalismo. E, para conseguir a independência, conjugaram suas forças. Não como sacerdotes, mas como políticos, apesar de sacerdotes, tornaram-se Maçons.

Alguns Padres Influentes na Luta Pela Liberdade no Brasil

A revolução pernambucana de 1817 pode ser entendida como uma mudança de estrutura ideológica no sentido amplo da questão. A presença de clérigos é evidente dentro do contexto da revolução de 1817, liderado por Domingos José Martins, e seus ideais iluministas atingiram uma mudança radical na estrutura do pensamento filosófico do sistema vigente.

Frei Caneca

Frei Caneca

Joaquim da Silva Rabelo, depois frei Joaquim do Amor Divino Rabelo, mais popularmente conhecido como **Frei Caneca**, foi um religioso e político brasileiro. Esteve implicado na Revolução Pernambucana de 1817 e na Confederação do Equador de 1824. Como jornalista, esteve à frente do "Typhis" Pernambucano.

A este respeito, refere *Evaldo Cabral de Melo*: "O homem que, na *História do Brasil,* encarnará, por excelência, o sentimento nativista era curiosamente um lusitano *jus sanguinis.*

"Quem bebe na minha "caneca" tem sede de liberdade"!

Primogênito de um tanoeiro português, Domingos da Silva Pacheco e de sua esposa, Francisca Maria Alexandrina de Siqueira. A família residia na cidade de Recife, mais precisamente no povoado de Fora-de-Portas, edificado no tempo das invasões holandesas para o sérico do porto, de vocação artesanal e marcadamente portuguesa. A sua mãe tinha um primo carmelita, o que pode explicar que se tenha tornado noviço do Carmo e tomado o hábito em 1796, no Convento de Nossa Senhora do Carmo, onde professou no ano seguinte de 1797.

Ordenou-se em 1801, com a necessária dispensa apostólica de idade, pois tinha 22 anos, e passou a ser conhecido como Joaquim do Amor Divino Caneca, sendo seu último nome uma homenagem ao seu pai, que fabricava vasilhames. Criando o *Seminário de Olinda,* obteve autorização para cursar ali as disciplinas que a Ordem não lhe havia oferecido. Frequentava a biblioteca do Seminário e a dos Oratorianos, em Recife, formando a sua notável erudição.

Em 1803, foi nomeado professor de Retórica e Geometria de seu convento, onde lecionou posteriormente Filosofia racional e moral. A partir de certo momento, "o seu interesse extrapolou os muros do claustro, como indica o seu provimento na cadeira pública de geometria da comarca de Alagoas". Ali permaneceu pouco tempo, dada a perceptiva de nomeação à idêntica cadeira no Recife, a qual não se concretizou pela Revolução de 1817.

De ideias liberais, partilhava ideias republicanas e frequentou a Academia do Paraíso, um dos centros daqueles que, influenciados pela Revolução Francesa e pela Independência dos Estados Unidos, conspiravam contra o jugo português.

Participou ativamente da chamada *Revolução Pernambucana de 1817*, que proclamou uma República e organizou o primeiro governo independente na região. Não há referência à participação sua, diz *Cabral de Melo,* "nos acontecimentos inaugurais de *6 de março*, como a formação do governo provisório. Assim é que da relação dos eleitores que o escolheram não consta o seu nome. Sua presença só se detecta nas últimas semanas e existência do regime, ao acompanhar o exército republicano que marchava para o sul da província a enfrentar as tropas do conde dos Arcos, ocasião em que, segundo a acusação, teria exercido de capitão de "Guerrilhas." Era conselheiro do exército republicano do sul, comandado pelo coronel Suassuna. Com a derrota do movimento, foi preso e enviado para Salvador, na Bahia. Ali passou quatro anos detido, dedicando-se à redação de uma gramática de língua portuguesa.

Libertado em 1821 no contexto do movimento constitucionalista em Portugal, frei Caneca voltou a Pernambuco e retornou às suas atividades políticas. Durante a sua viagem, chegou a ser detido ainda na antiga cadeia de Campina Grande.

∴

Padre Manuel de Arruda Câmara

Nasceu no ano de 1752, na cidade de Pombal, sertão do Estado da Paraíba, e faleceu em Itamaracá, Estado de Pernambuco, no ano de 1810. Foi sepultado na Igreja de Nossa Senhora do Carmo, em Recife. Era filho do agricultor Francisco de Arruda Câmara e D. Maria Saraiva da Silva; fez os estudos preliminares na cidade de Goiana (PE) e, em 1873, foi ordenado Padre no Seminário dessa cidade, adotando o nome de Frei Manuel do Coração de Jesus. Estudou na Universidade de Coimbra, em Portugal e em Montpellier, na França.

Idealista e de espírito revolucionário, Arruda Câmara, em Paris, identificou-se com o pensamento de Voltaire e de Rousseau e animado com o sucesso da Revolução Francesa, chegando ao Brasil não se conformou com o quadro de injustiça social reinante e apressou-se em trabalhar visando a combater, sobretudo, em favor das famílias mais humildes, maiores vítimas do sistema patriarcal. Nesse sentido, fundou o Areópago de Itambé, Sociedade Maçônica que abrigava intelectuais da Paraíba e de Pernambuco e onde foi tramada a Revolução de 1817. Com ideias avançadas, lutando pela igualdade das classes, o Padre Arruda Câmara foi, talvez, no Brasil, um dos precursores da ala progressista.

Não viu, porém, realizado o seu sonho de Liberdade e de Igualdade social, bandeiras que, ainda hoje, são levantadas pelos principais movimentos de libertação da atualidade.

Dedicou-se ao estudo da botânica, estando entre os mais importantes naturalistas do seu século. Classificou a flora paraibana e produziu inúmeros trabalhos científicos sobre botânica, zoologia e mineralogia. Deixou uma importante bibliografia: Centúria (nunca foi publicada); *A memória sobre a cultura do algodoeiro*, 1797; Dissertação sobre as plantas do Brasil, 1817; Discurso sobre a vitalidade da instituição de jardins nas principais províncias do país, 1810; Aviso aos lavradores sobre a suposta fermentação de qualquer qualidade de grãos ou pevides para aumento da colheita, Lisboa, 1792; Memórias sobre as plantas de que se podem fazer baunilha no Brasil (nas memórias da Academia Real das Ciências de Lisboa, v.40, 1814); Memórias sobre o algodão de Pernambuco, Lisboa, 1810; Tratado de Agricultura; Tratado da lógica. Algumas produções de Arruda Câmara podem ser encontradas na Biblioteca Nacional do Rio de Janeiro.

Fonte: http://www2.aplpb.com.br/academicos/cadeira02.htm

∴

Padre João Ribeiro

Coube ao Padre João Ribeiro confeccionar a bandeira dos revoltosos de 1817, que viria a ser mais tarde adotada como a bandeira oficial do estado de Pernambuco. O Padre João Ribeiro Pessoa de Melo Montenegro nasceu em Tracunhaém, Pernambuco, a 28 de fevereiro de 1766. Foi colaborador botânico nas expedições científicas voltadas para a botânica do naturalista Dr. Arruda Câmara, de quem recebeu grande influência intelectual.

Padre João Ribeiro

Homem culto, João Ribeiro entrou para a vida religiosa no Convento do Carmo, estudou depois no Seminário de Olinda e concluiu seus estudos no Colégio dos Nobres de Lisboa. Teve influência das ideias da Revolução Francesa no período em que estudou na Europa. De volta para Pernambuco estabeleceu-se como Sacerdote e professor no Seminário de Olinda.

Nesta época o Brasil tinha passado a Reino Unido de Portugal e Algarves e era sede do governo Português na pessoa de D. João VI, que viera para o Brasil com quase toda a corte para fugir da dominação francesa. Era, então, tempo das ideias separatistas na Europa e América do Norte.

A Revolução Pernambucana de 1817 reuniu intelectuais, Padres, senhores de engenho, comerciantes e militares na busca de seus ideais de liberdade. O movimento eclodiu no dia 6 de março, durou 74 dias de República e expandiu-se até as províncias da Paraíba e do Rio Grande do Norte. Ao Padre João Ribeiro, por sua liderança e ideias com base num vasto conhecimento da causa, coube o cargo relativo aos negócios eclesiásticos, tendo recebido o total apoio dos religiosos e também do povo.

Não tardou a reação das tropas. O Recife foi tomado pelas forças e todos os chefes foram mortos com a cabeça decapitada. O Padre João Ribeiro marchou com o destaque da tropa do Exército Patriótico para o engenho do Paulista, onde tantas vezes, em reuniões secretas, proclamava suas ideias de liberdade. Tiveram, então, notícias da derrota total do governo Provisório Revolucionário e da perseguição pelo Exército Real aos que haviam fugido da Capital. Entendendo que a derrota do movimento era o fim dos seus ideais e que seriam todos mortos pela força do poder prepotente que ele combatera, Padre João Ribeiro fez seu próprio julgamento, não aceitou que seus ideais fossem vencidos pelos inimigos e suicidou-se pelo enforcamento como um forte soldado que não se entrega.

Foi sepultado ao lado da Capela de Nossa Senhora da Conceição do Engenho Paulista. Três dias depois, seu cadáver, após ser desenterrado, foi mutilado, esquartejado e sua cabeça ficou exposta com escárnio na Praça do Pelourinho em Recife, por determinação do Almirante Rodrigo Lobo, comandante da esquadra das forças governamentais vitoriosas, que foram enviadas pelo governo da Bahia

O crânio do Padre João Ribeiro, até o ano de 2001, estava exposto no Instituto Arqueológico e Geográfico de Pernambuco, onde se cultua a História, e ficou exposto à visitação do público como prova de homenagem ao morto.

A diretoria do Instituto Arqueológico e Geográfico, naquele ano, entendeu que, sem o sepultamento, o castigo do Padre seria perpetuado e, junto ao governo do estado, a Arquidiocese de Olinda e Recife, o Vigário Administrador da Paróquia e o Prefeito municipal, junto com o secretário de Turismo, Esporte e Cultura da Cidade Paulista resolveram sepultá-lo dignamente e de modo cristão, num gesto de respeito ao homem público e de ideal nacionalista que foi o Padre João Ribeiro.

Em 29 de outubro de 2001, o crânio do Padre João Ribeiro, numa urna de bronze, finalmente foi enterrado num túmulo, construído especialmente para ele dentro da igreja de Santa Izabel Rainha de Portugal, no Centro de Paulista, à esquerda de quem entra no Templo, após quase 2 séculos de seu sepultamento fora da Igreja de Nossa Senhora da Conceição do Engenho Paulista.

A nova sepultura na Igreja de Santa Izabel é lacrada por uma placa de granito. Do lado esquerdo fica uma placa de bronze, contando a história da luta do religioso, e, do lado direito, um brasão em bronze com representações das Armas e Honras do estado de Pernambuco, feito pelo escultor Jobson Figueiredo. Enfim, Paulista deu honrarias e descanso merecido ao herói da Revolução Pernambucana de 1817, que, antes, em seu solo, pôs fim à sua vida, num gesto nobre de patriotismo.

Referência Bibliográfica
ALCÂNTARA, Laurita de Paulista. *Alguma Contribuição para a sua História.* Paulista: Claranto, 2002
Postado por José Ricardo de Souza

∴

Padre Francisco Muniz Tavares

Francisco Muniz Tavares (Recife 1793 – 1876). Padre, nasceu a 16 de fevereiro de 1793 em Recife (PE), filho de João Muniz Tavares e Rita Soares de Mendonça. Doutor em Teologia pela Universidade de Paris, Padre e, mais tarde, monsenhor. Escritor, historiador e parlamentar. Faleceu em 23 de outubro de 1876.

Preso com os rebeldes, este Padre é o autor da melhor história da Revolução

Foi um dos vultos mais notáveis da revolução de 1817, em Pernambuco. Preso como suspeito de cumplicidade, permaneceu muitos meses nos calabouços da Bahia. Apaixonado e ardoroso pela causa que abraçara, o sacerdote batalhador não perdoava a

D. João VI pela crueza com que tratara os revolucionários que se haviam comportado durante a vitória, aliás efêmera, com inexcedível generosidade.

Foi Deputado Constituinte por *Pernambuco* junto às *Cortes Portuguesas* de 1820. Permaneceu naquelas Cortes até o dia 4 de outubro de 1822, onde muito se destacou como parlamentar. Em emocionante debate com o Deputado Constituinte português *Borges Carneiro*, na Sessão das Cortes de 18 de outubro de 1821, Muniz Tavares produziu corajoso e patriótico discurso, combatendo a remessa de mais tropas para a Província de Pernambuco e a incômoda presença, ali, da já numerosa guarnição lusitana, que o brioso povo da sua terra não mais tolerava. Chegou, em aparte violento aos Deputados Constituintes lusitanos *Ferreira Borges* e Moura, a lembrar que o primeiro choque que causou a desunião entre os *Estados Unidos* e *Inglaterra* fora causado pelo fato desta nação enviar soldados para a América contra a vontade da colônia americana. Depois, em outro pronunciamento perante as Cortes, apresentou proposição para a criação de uma universidade no Brasil, tendo como resposta da maioria portuguesa daquela Assembleia que "algumas escolas primárias bastariam para o Reino Americano". Ainda perante as Cortes, fez notável e convincente pronunciamento em defesa do seu compatriota *Francisco Paes Barreto*, depois marquês do Recife, e primeiro presidente da Província de Pernambuco (maio de 1825), o qual se encontrava preso no castelo de São Jorge, em Lisboa, como um dos envolvidos nos últimos acontecimentos em Recife, e contra o governador da Província, o capitão-general português *Luiz do Rego Barreto*. Por meio de seu empenho pessoal conseguiu a absolvição do referido conterrâneo. Consta que somente assinou, não tendo jurado, a Constituição Portuguesa de 23 de setembro de 1822.

Deputado Constituinte eleito pela Província de Pernambuco para a *Assembleia Geral, Constituinte e Legislativa do Império do*

Brasil, tomou posse em 3 de maio de *1823*, e no dia 4 de novembro de 1823 remeteu ofício à Assembleia renunciando ao mandato.

Foi eleito, também, Deputado para a Assembleia Geral Legislativa do Império do Brasil para a legislatura ordinária de 1845 a 1847 (posse em 21 de fevereiro de 1845), sendo vice-presidente no período de 1º de abril de 1845 a 4 de junho de 1846 e Presidente de 4 de junho de 1846 a 4 de maio de 1847.

Era Sócio Fundador e Primeiro Presidente do Instituto Arqueológico Pernambucano; Sócio do *Instituto Histórico e Geográfico Brasileiro*.

Recebeu as seguintes condecorações: Dignitário da *Ordem do Cruzeiro*; Comendador das *Ordens de Cristo* e *da Rosa*.

∴

Padre Roma

José Ignácio de Abreu e Lima – Padre Roma – GOB – SCB

Padre Roma – "*Lembrai-vos, na pontaria, de que o coração é a fonte da vida, e atirai...*". Frase do Padre Roma, herói da revolução republicana de 1817, em Pernambuco, ao enfrentar, com a serenidade de um verdadeiro herói, o pelotão de fuzilamento. Já historiamos, em capítulo anterior, a bela página de patriotismo que foi esse movimento em prol da independência e do regime republicano, chefiado por Domingos José Martins. É esse herói — o Padre Roma — uma das figuras mais singulares daquele movimento. Nascido em 1768, no Recife, José Inácio Ribeiro de Abreu e Lima resolveu abraçar a carreira religiosa, entrando para o Instituto Carmelitano e, em seguida, professando, no convento de Goiana, sob o nome de frei José de Santa Rosa.

Mais tarde, obtendo licença dos seus superiores e à custa de seus pais, cursou a Universidade de Coimbra, obtendo a láurea de doutor em teologia. De Portugal, seguiu para a Itália, onde recebeu ordens sacras do cardeal Chiaramonti.

Pouco tempo depois, achando-se, ainda, em Roma, resolveu deixar a vida religiosa, obtendo do Papa brevê de secularização e, em seguida, anulando, em Pernambuco, os seus compromissos sacerdotais, por sentença dos tribunais eclesiásticos, em 1807.

Em 1808, abriu banca de advogado conseguindo grande clientela. O antigo Frade e Padre, que então já havia constituído família, falava constantemente na capital italiana, que o encantara, recebendo, por isso, a alcunha de Padre Roma, com que se celebrizaria nas páginas da nossa história.

Preso na Bahia, quando ia procurar aliciar novos adeptos para a revolução de 1817, foi ele o primeiro mártir do movimento, tendo sido fuzilado a 27 de março, depois de haver passado por grandes torturas físicas e morais, que culminaram com o ato desumano de obrigarem seu próprio filho, Luiz Inácio de Abreu e Lima, a assistir ao fuzilamento.

O Padre Roma morreu como um legítimo herói. No momento de ser fuzilado, com uma serenidade impressionante, voltou-se para os soldados do pelotão de execução e disse-lhes: — Camaradas, eu vos perdoo a minha morte.

∴

Padre Miguelinho

Padre Miguelinho nasceu em Natal em 17 de setembro de 1768, sendo filho do capitão português Manoel Pinto de Castro e de Francisca Antônio Teixeira. Foi batizado na Igreja Matriz de Natal em 3 de dezembro de 1768.

Foi morar no Recife com sua irmã Clara de Castro aos dezesseis anos e, em 1784, ingressou na Ordem Carmelita da Reforma, tornando-se o Frei Miguel de São Bonifácio. Conseguiu se tornar Padre em 1800, por intermédio do Papa Pio VII, que lhe concedeu a secularização, mas a população em geral continuou a chamá-lo de Frei Miguelinho por algum tempo.

Padre Miguelinho

Em *1817*, tornou-se mestre de retórica do Seminário de Olinda e no mesmo ano iniciou sua participação na revolução que se esboçava. Foi preso no dia 21 de maio de 1817 e levado à Fortaleza das Cinco Pontas, junto com outros 72 revolucionários, que depois também seguiram para *Salvador*, onde desembarcaram em *10 de junho*.

Miguelinho foi condenado pelo crime de lesa-majestade e fuzilado no dia 12 de junho de 1817, sendo enterrado no Cemitério do Campo da Pólvora

Homenagens:

Padre Miguelinho dá nome ao Instituto Padre Miguelinho, que funciona no bairro do Alecrim, em Natal. Também dá nome ao prédio no qual funciona a Câmara Municipal de Natal e a algumas ruas da capital.

∴

Padre Mororó – A Coragem de um Herói

Gonçalo Ignácio de Loiola
Padre Mororó

Gonçalo Inácio de Loyola Albuquerque e Mello

(Groaíras, 24 de julho de 1774 - Fortaleza, 30 de abril de 1825), mais conhecido como **Padre Mororó**, foi um sacerdote, jornalista e revolucionário brasileiro.

Nasceu em Groaíras, então chamado de Riacho dos Guimarães, filho de Félix José de Sousa e Oliveira e de Teodósia Maria de Jesus Madeira. Avós (paternos): Francisco de Sousa Oliveira Catunda e Tecla Rodrigues; Avós (maternos): Manuel Madeira de Matos e Francisca de Albuquerque e Melo. O pai do Pe. Mororó era do Norte Rio Grandense e sua mãe era filha de português casado com uma Albuquerque (de Pernambuco). Gonçalo teve o sobrenome registrado de sua avó materna. A respeito de seu avô materno, diz o Barão de Studart:

> *Manuel de Matos Madeira, português, que para a antiquíssima povoação do Riacho dos Guimarães, próxima da vila de Caiçara (Sobral), já viera casado, rezando crônicas sertanejas que, conforme após a morte de Madeira, se verificou de papéis que este sempre subtraíra ao conhecimento dos mais íntimos, era o dito Madeira, que no Estado tem grande descendência, um alto titular da nobreza de Portugal, de nome diverso desse pelo qual se fazia tratar, e evadido da sua terra ante a mortal perseguição desenvolvida contra a sua família pelo* ***Conde de Oeiras****, poderosíssimo Ministro d'El-Rei Dom José.*

Iniciou seus estudos no interior do Ceará, partindo, aos vinte e dois anos, para Pernambuco, onde se matriculou no curso de Teologia. Ordenou-se sacerdote em *1802* no Seminário de Olinda, que segue orientação iluminista e com influência na formação de ideias antiabsolutistas numa geração de jovens. No seminário teve como colegas Frei Caneca, Padre Miguelinho e Padre João Ribeiro.

Exerceu a atividade religiosa em várias cidades do interior do Ceará, onde chegou a pregar contra a Revolução de 1817. Aos poucos, porém, começou a ter contato com as ideias liberais, graças à leitura do jornal Correio Braziliense.

Quando soube da notícia do fechamento da Constituinte de 1823, liderou o repúdio de Quixeramobim ao autoritarismo de D. Pedro I. Formou-se, então, o movimento que culminaria na Confederação do Equador. Utilizou-se como veículo de comunicação dessas ideias o Diário do Governo do Ceará, o primeiro jornal publicado no estado, cuja redação e direção coube ao Pe. Gonçalo Inácio de Albuquerque Mororó. Em pouco tempo o jornal deixou a condição natural de porta-voz do governo para transformar-se em peça de artilharia da campanha por um Nordeste independente e que posteriormente se passasse para todo o Brasil.

O nome Mororó foi criado por indígenas e dado a uma árvore com valor medicinal, a qual originalmente era chamada de moboró (sabor amargo) + oró (superior) e o sobrenome surgiu por nacionalismo típico da época, assim como de muitos líderes revolucionários nordestinos, que substituíram os seus cognomes por nomes que lembrassem alguma coisa do país ou da região que traduzissem adesões à independência. Era uma afirmação pública de nacionalismo, ou melhor, brasilidade. Dando origem assim ao sobrenome, que famílias locais posteriormente adotariam, buscando assim resgatar e manter viva a memória do mártir que sacrificou a sua vida em prol dos nordestinos.

Com o fracasso do movimento, foi preso e condenado à morte pela forca. Entretanto, a pena foi convertida em fuzilamento já que ninguém se prontificou a exercer a vil tarefa de ser o carrasco. Assim, Padre Mororó foi executado no antigo Campo dos Mártires, hoje chamado Praça dos Mártires ou Passeio Público.

Padre Gonçalo Inácio de Loiola, mais conhecido como Padre Loiola, era relacionadíssimo no Ceará e um patriota capaz de, pela grandeza da pátria, enfrentar as mais perigosas situações.

Viriato Corrêa, em "Contos da História do Brasil", assim descreve a execução do Padre Mororó, ocorrida no dia 30 de abril de 1824.

> *"Rufam os tambores; soam as cornetas." Vai começar a marcha em rumo ao lugar escolhido. Nas janelas as famílias apinham-se. Há gente até trepada nas árvores e nos telhados, mas aquela multidão está silenciosa e aterrada.*
>
> *O préstito caminha para a capela do rosário; os sinos de todas as igrejas tangem a finados, entristecendo o fulgor daquela esplendorosa manhã de sol. Ouve-se a missa que o Frei Luiz do Espírito Santo Ferreira celebra. Segue-se depois, lentamente, o caminho da praça do suplício.*
>
> *Na Praça em que vai dar a execução, a multidão é tanta que, a custo, as tropas conseguem abrir passagem.*
>
> ***"Mororó é colocado na coluna da morte."***
>
> *Um soldado traz a venda para pôr nos olhos. O Padre Mororó obstou-se e exclamou: Não, eu quero ver como isso é. Quando dele se aproximou o soldado encarregado de colocar sobre o seu coração a pequena Roda de papel vermelho que iria servir de alvo, Mororó recusou-se cruzando as duas mãos sobre o peito e disse:*
>
> *Não é necessário. Eu farei o alvo. E vejam lá! Tiro certeiro, que não me deixe sofrer muito! Foram as últimas palavras do mártir cearense. Houve na multidão um instante cruel de ansiedade. Tinha sido ordenado a pontaria. Todo o vago rumor do povo cessa completamente. – Fogo! A descarga estrondou. O Padre tombou sem vida.*

∴

Padre Almeida Martins

O Padre Almeida Martins foi um religioso brasileiro, que iniciou uma crise política entre a Igreja e a Maçonaria. Ele pronunciou, em três de março de 1872, um sermão "em termos tirados da linguagem maçônica" para saudar a aprovação da Lei do Ventre Livre, que foi proposta pelo presidente do Conselho de Ministros, o Visconde do Rio Branco, que era Grão-Mestre da Maçonaria. O ato causou a suspensão de suas funções como Padre pelo Bispo Dom Pedro Maria de Lacerda, do Rio de Janeiro.

O Padre José Luiz D'Almeida Martins foi o fundador Nº 21 da Loja "Acácia – 177" e o Padre Leandro José Rangel de São Paio (fundador Nº 23) da Loja "Acácia 177".

O Irm.·. Mário de Araujo Lima, autor do livro: **"UM SÉCULO DE ARTE REAL – LOJA ACÁCIA 177–** (1868 – 1968) assim descreve:

O PADRE ALMEIDA MARTINS E A QUESTÃO DOS BISPOS. – 1872.

A Lei do Ventre Livre, promulgada em 28 de setembro de 1871, se bem que não satisfizesse às aspirações abolicionistas, não deixou de ser um marco vitorioso para novas conquistas. Mereceu apaixonados debates por parte de grupos políticos que se posicionavam em campos antagônicos, conforme seus interesses e aspirações. Era a corrente dos Liberais, a dos Conservadores e a dos Republicanos. O Jornal do Comércio divulgava, pelas suas colunas, críticas ao governo, formuladas pelos oposicionistas. Eis uma delas, datada de 23 de maio de 1871, sob a epígrafe "Elemento Servil".

Lança, por fim, o governo imperial, no seio de nossa sociedade a estrepitosa bomba de sua proposta de emancipação, e infelizmente, inçada de defeitos, não pautada pelos princípios de justiça e prenhe de sérios elementos perigosos.

A Lei do Ventre Livre, de número 2.040, de 28 de setembro de 1871, em dez artigos, assim preceituava:

> *"A Princesa Imperial Regente, em nome de S.M. o Imperador, Senhor D. Pedro II, faz saber a todos os súditos do império que a Assembleia Geral decretou e ela sancionou a Lei seguinte:*
>
> *Art. 1.º – Os filhos de mulher escrava, que nascerem no império desde a data desta Lei, serão considerados de condição livre."*

Quem mais pugnava pela abolição da escravatura era, de fato, a Maçonaria, que chegava a não admitir, em seu seio, cidadãos possuidores de escravos, pois deveriam libertá-los se os possuíssem, bem como prometer, por todos os modos e meios, lutar pela causa da abolição da escravatura em nosso país.

O dia 2 de março de 1872 foi de profunda significação, não só para o PADRE JOSÉ LUIZ DE ALMEIDA MARTINS, *que veria o seu nome registrado na nossa História, mas também para o clero. Naquele mesmo dia, o Grande Oriente do Brasil, no Palácio do Lavradio, festejou solenemente a Lei do Ventre Livre. Achavam-se presentes à solenidade, o Visconde do Rio Branco – Grão-Mestre da Maçonaria Brasileira, altas autoridades representantes dos Supremos Conselhos dos Estados Unidos, da Inglaterra, das Repúblicas do Uruguai, da Argentina e da Suíça.*

Interinamente assumiu a oratória o Irm∴ PADRE COMENDADOR JOSÉ LUIZ DE ALMEIDA MARTINS, *que pronunciou um magnífico discurso, evidenciando o desempenho vigoroso da Maçonaria em prol da causa dos escravos. O discurso foi em dia seguinte divulgado pela imprensa, sendo o fato comentadíssimo. Ora, um sacerdote católico defendendo o abolicionismo, na qualidade de Maçom, numa Assembleia Maçônica, só poderia motivar um escândalo nas esferas do clerismo radical.*

A indignação do Bispo do Rio de Janeiro, D. PEDRO MARIA

DE LACERDA, que exerceu o bispado neste Estado, de 1868 a 1890, não se fez esperar. D. PEDRO MARIA DE LACERDA era inimigo da Maçonaria e, assim sendo, obrigou o PADRE ALMEIDA MARTINS a se retratar. Intimando-o a abjurar a instituição Maçônica, condenada pelas Bulas Papais. Entretanto o nosso Irm∴ Acaciense, Maçom de fibra, livre de preconceitos, abolicionista convicto disse:

> *"Saiba V. Excia. Reverendíssima que não vou abjurar a Ordem Maçônica!"*

D. PEDRO MARIA DE LACERDA aplicou-lhe, então, uma suspensão de ordens. Foi aí que a bomba explodiu, pois a Maçonaria em peso correu em defesa do Irm∴ PADRE ALMEIDA MARTINS. Todas as Lojas movimentaram, enviando metais destinados a uma campanha de esclarecimento ao povo, em manifestos e pela imprensa. A prudência do Bispo D. PEDRO MARIA DE LACERDA levou-o, todavia, a não mais arriscar o bom nome da Igreja, porém, os Padres nos seus sermões aviltavam a Ordem dos Pedreiros Livres. A campanha abolicionista crescia e o discurso do Padre Maçom – uma espinha atravessada na garganta do clero, levou os Bispos D. VITAL MARIA GONÇALVES DE OLIVEIRA, de apenas 27 anos de idade, da diocese de Olinda, e D. ANTÔNIO DE MACEDO COSTA, do Pará, a desencadearem uma guerra contra a Maçonaria cujo desfecho abalou a Igreja – A Questão Religiosa.

O ataque era dirigido frontalmente ao Padre ALMEIDA MARTINS, que recebia menções de desagravo. E, se as Sessões eram acaloradas no Vale do Lavradio, muito mais o eram na Aug∴ Loja Cap∴ "Acácia", cujo Venerável Mestre, um dos grandes nomes da política fluminense, era o Irm∴ PEDRO ANTÔNIO GOMES, o primeiro Venerável da primeira Loja de Niterói.

Homem culto e religioso, professor e jornalista, com que desaponto se via possuído, participando dos acontecimentos e sendo íntimo amigo do Padre ALMEIDA MARTINS. Os

Bispos detestavam os Maçons: no entanto, uma deliberação presidencial de 9 de fevereiro de 1871, nomeava uma comissão que tinha por finalidade escolher um local onde seria construída a matriz de São Lourenço, em Niterói, conforme lei 1.584 de 14 de dezembro de 1870.

A comissão foi composta do vigário da freguesia, do Brigadeiro JOÃO NEPOMUCENO CASTRIOTO, *do mui conhecido Maçom* PEDRO ANTÔNIO GOMES *e do Tenente-Coronel* MANOEL JOSÉ GUIMARÃES.

De tal maneira se conduziram os Bispos de Olinda e do Pará, inflexíveis, intolerantes e desastrosos nas arremetidas contra a Maçonaria, a ponto de suspenderem de ordens os Padres Maçons de suas dioceses, que aliás se recusaram a abjurar a Maçonaria, e mesmo proibir a presença de Maçons nas solenidades e sacramentos. Quando se deram conta, já se achavam envolvidos num processo judiciário que os levou à prisão na Ilha das Cobras. Não só eles, mas outros prelados também, de vez que haviam desobedecido à Constituição do País, pois o Ministério dos Negócios do Império, em junho de 1873, fazia público que as Bulas e Encíclicas do Vaticano necessitavam de um "placet" do governo para serem executadas.

Certamente que estas Bulas e Encíclicas condenatórias da Maçonaria não poderiam ter cobertura nos gabinetes do Império, constituído de Maçons. Mas os Bispos recalcitrantes refutaram a decisão ministerial e se opuseram aos poderes constituídos. E os infratores só se livraram da prisão por anistia, após um entendimento entre o Papa e o Presidente do Conselho, um Maçom, o Irm∴ DUQUE DE CAXIAS.

O "Apóstolo" que era a voz do clero, diariamente publicado, noticiava um discurso pronunciado em 30 de junho de 1874, na Sessão legislativa, pelo Senador FANCISCO DE PAULA DA SILVEIRA LOBO; *mostrava o Senador que a Questão Religiosa data de 2 de 1872, na qual, como orador maçônico do Gr∴ Or∴*

do Vale do Lavradio, o Padre português ALMEIDA MARTINS pronunciou um discurso inconveniente, por cujo motivo foi legalmente suspenso pelo seu Diocesano. A Maçonaria aqui na Corte, como em Pernambuco, como no Pará, como em todas as cidades do litoral, é em grande maioria, como todos sabem, composta de portugueses.

Por certo que o Bispo D. PEDRO MARIA DE LACERDA não deixaria de correr em socorro dos punidos, tanto assim que fez, em favor dos mesmos, a S. M. o Imperador, uma representação, isto em 1874, cujos trechos divulgamos:

> ***Representação que a S.M. o Imperador dirige ao Bispo de S. Sebastião do Rio de Janeiro, sobre prisão e processo do Exmo. e Revmo. Sr. Bispo de Olinda, aderindo à representação do Exmo. e Revmo. Sr. Arcebispo de Bahia.***

... Senhor, a Maçonaria diz que a não intromete em questões religiosas e, entretanto, por todo os órgãos de sua imprensa, pelos deputados e senadores que lhe são afiliados, pelos opúsculos e livros de seus adeptos ou apaniguados, ela se arvora em intérprete da fé; ela pretende reformar a seu talante o catolicismo; ela rejeita e detesta a Suprema Autoridade do Papa, a jurisdição dos Bispos e nega a infalibilidade não só do Pontífice Romano quando fala" ex-cátedra" em cousas de fé e costumes. Mas, também, da própria Igreja, congregada em concílio ecumênico, E V∴ M∴ Imperial não ignora que a Maçonaria tem sido excomungada pelos Papas CLEMENTE XII, BENTO XIV, PIO VII e PIO IX, além de reprovada por PIO VIII e GREGÓRIO XVI. Senhor, a Maçonaria vai de triunfo em triunfo e a Religião é vítima do seu ódio. Já o trono episcopal de um príncipe da Igreja, de caráter sagrado e inviolável, foi investido e desacatado: permita Deus que nenhum outro venha a sofrer tamanho desrespeito! Eu ia dizendo que a Maçonaria vai triunfando. Sim, ela depois dos insultos, calúnias, provocações e desobediências, depois de gritos e ameaças, chegou enfim a ver realizado o que tanto havia almejado e prometido alcançar.

Vejam bem como ocorreram os fatos: o Bispo D. MARIA DE LACERDA, *por não gostar da Maçonaria, acusava-a de insultora, caluniadora, provocativa, ameaçadora etc. Mas se esquecia que quem deu partida para o tumulto não foi ela, que defendia o abolicionismo, mas, sim, o clero, apesar dos Padres Maçons que, aliás, vários existiam na época. Isto era do conhecimento do bispado: os Padres por serem Maçons, consequentemente, eram abolicionistas. Isto contrariava os interesses da Igreja, conservadora por excelência.*

Em seu livro "O Abolicionismo", adverte JOAQUIM NABUCO: *"a Igreja Católica, apesar de seu imenso poderio em um país em grande parte fanatizado por ela, nunca elevou no Brasil a voz em favor da emancipação.*

A Maçonaria nada mais fez do que se defender e defender o Irm∴ Padre ALMEIDA MARTINS. *A coisa rendeu muito e a Questão Religiosa, provocada por D.* VITAL MARIA GONÇALVES DE LACERDA *e D.* ANTÔNIO DE MACEDO COSTA, *passou para a história pátria como um dos períodos cruciantes do relacionamento entre a Maçonaria e a Igreja.*

Em data de 10 de abril de 1875, edição de sábado, o DIÁRIO DO RIO DE JANEIRO *divulgava uma carta lamuriosa do Bispo D.* MACEDO COSTA, *que achamos por bem divulgar alguns trechos:*

> "CARTA PASTORAL, PUBLICANDO O JUBILEU NA DIOCESE DO PARÁ.

D. ANTÔNIO DE MACEDO COSTA, *por mercê de Deus e da Santa Sé Apostólica, Bispo do Grão-Pará, prelado assistente ao Sólio Pontifício etc.*

... Ora bem, diletíssimos Irmãos e filhos, o que se faz hoje senão, ou pregar estas impiedades, ou favorecer por todos os meios a funesta propagação delas? Não temos visto em algumas de nossas academias ensinarem-se abertamente o materialismo?

Não há professores que ousam inculcar à mocidade as obras de AUGUSTO COMTE, DARWIN, BUCKNER e outros ímpios contemporâneos, com a última expressão da ciência, e não anda uma grande parte da nossa mocidade já toda apaixonada por essas funestas teorias do ateísmo, do positivismo, do materialismo o mais degradante?

Não temos visto a Maçonaria, que exerce hoje tão poderosa influência na administração do Estado, reunir, aqui, em março de 1872, seus Orientes e oficialmente nomear comissão especial para rever e autorizar as ímpias publicações que se tinham de fazer e se fizeram com efeito pelos papeis desta Corte, para receber, publicar ou rejeitar os artigos e dirigir enfim, todo o movimento da imprensa na grande questão que a seita determinou mover contra a Igreja do Estado, que é a Igreja Católica de Roma? Não vimos estes dois Orientes desunidos marcharem de harmonia neste ponto, e, como altas potências de toda a Maçonaria no Brasil, lançarem o grito: "guerra ao ultra montanhismo! Guerra a Roma! Não temos visto os Bispos que ousaram opor-se a estes arrojos da seita, e por obra das leis da Igreja, defendendo a pureza do culto e da doutrina, serem condenados a quatro anos de cárcere com trabalhos forçados, e os melhores sacerdotes processados e condenados por igual motivo, a largos anos de cadeia, outros desterrados, e a Maçonaria e o Protestantismo batendo palmas de triunfo e continuando a espalhar por toda a parte seu dissolvente veneno?

... Mas veio-nos ultimamente às mãos um documento maçônico da mais alta importância, do qual consta quanto afirmamos no texto. Eis aqui este documento que publicamos depois por inteiro: "Ferido um Irmão distinto (o Padre ALMEIDA MARTINS) e por motivo que todos julgaram pundonorosos, moveram-se incontinente as forças Maçônicas. Ambos os círculos se empenharam em manifestar ao sacerdote suspenso provas de admiração, respeito e fraternidade. E por que julgassem que no Padre e Irmão ALMEIDA MARTINS, se agredia a Maçonaria,

os Orientes dissidentes se conservaram em atitude de oposição ao agressor (ao Bispo). O Oriente do Lavradio celebrou sessões animadas, nas quais ventilou-se a magna questão ALMEIDA MARTINS e deliberou-se:

> *1º Nomear uma comissão "ad-hoc" para tratar do assunto*
>
> *2º Autorizar a publicação pela imprensa, de artigos que tivessem por fim defender a Maçonaria do ataque contra ela dirigido pelo Sr. Bispo; fazer conhecer a injustiça do ato, mostrar as aspirações da Maçonaria etc."*

Numa passagem da carta o Bispo D. ANTÔNIO MACEDO DA COSTA se referiu aos "dois Orientes desunidos" marcharem de harmonia. É que naquela de fato existiam duas Potências: o Grande Oriente do Brasil, com sede no Lavradio e o outro Grande Oriente Brasileiro, instalado na Rua dos Beneditinos Nº 22 – Rio de Janeiro, daí o nome Gr∴ Or∴ dos Beneditinos, que foi consequência de uma dissidência havida no G.O.B., tendo à frente SALDANHA MARINHO, que assinava por "Ganganeli".

Em sessão realizada aos dias 15 de março de 1871, o Ven∴ Mestre da "Acácia" dava notícia aos IIrm∴, de uma disposição aprovada na Loja América, obediência do Gr∴ Or∴ Brasileiro, ao Vale dos Beneditinos. A disposição em obrigar, através do Gr∴ Or∴ Brasileiro, as Lojas Maçônicas abrirem em suas receitas uma verba especial destinada à alforria de crianças escravas. O assunto foi com muita simpatia discutido, apesar da Loja Acácia achar-se obediente ao Lavradio.

Na verdade, a Loja, desde a sua fundação, sempre se empenhou pela emancipação dos escravos e dos seus cofres muitos metais se destinaram àquela vontade. Fervorosa e corajosamente pugnavam pelo abolicionismo, ao lado dos IIrm∴ QUINTINO BOCAIÚVA, TEÓFILO OTONI LOPES TROVÃO, NABUCO DE ARAÚJO, JOSÉ DO PATROCÍNIO, EUSÉBIO DE QUEIROZ e muitos outros.

Mas falemos um pouco a respeito do nosso querido Irm∴ o Padre José Luiz de Almeida Martins, um dos fundadores da Aug∴ "Loja Cap∴ Acácia". De origem Lusitana, foi um grande educador, mantendo, por vários anos, o Colégio Almeida Martins, de sua propriedade, inaugurado em julho de 1870, na Rua do Riachuelo Nº 55 – Rio de Janeiro. Eram mui frequentes no Jornal do Comércio, anúncios como este:

"Colégio Almeida Martins"

55 – Rua do Riachuelo – 55

> *Findam hoje as férias de Páscoa e amanhã continuam a funcionar regularmente as aulas. Recebem-se ainda alunos pensionistas, meio pensionistas e externos. O estabelecimento está colocado em um dos lugares mais aprazíveis da cidade e dispões de ótimas acomodações para crescido número de alunos; as pensões são cômodas e o diretor garante o melhor tratamento e toda a dedicação e zelo em relação aos colegiais. Rio, 11 de abril de 1871.*

"Enfermo – Padre Almeida Martins"

Pelo ano de 1880 o Irm∴ Padre Almeida Martins adoeceu seriamente, indo restabelecer a sua saúde em São Sebastião do Rio Bonito, onde tinha parentes. Restabelecido, retomou as suas atividades. O Colégio "Almeida Martins" pelo ano de 1882 funcionava na Rua do Lavradio 17, onde continuava a receber pensionistas, meio pensionistas e externos, ministrando o ensino de inglês e francês aos seus alunos. Em março de 1889, foi o Irm∴ Padre José Luiz de Almeida Martins nomeado para o cargo de Superintendente do Ensino, no Município de Barra do Piraí. Iniciado na Augusta Loja "Amizade Fraternal", foi o primeiro que assinou a Súplica ao Supremo Conselho, em 1869, para a fundação de Sub∴ Cap∴ "Acácia" e apesar das suas grandes atividades no mundo profano, jamais se esqueceu de sua Loja Acácia, vez por outra comparecendo às reuniões, evidenciando sempre a sua oratória.

Por época de 1872 – "A Questão dos Bispos", a Loja Acácia assim era administrada:

Ven∴ Mestre: PEDRO ANTÔNIO GOMES;
1º Vigilante: PRUDÊNCIO LUIZ FERREIRA TRAVASSOS;
2º Vigilante: MANOEL GONÇALVES DE AMORIM;
Orador: JOÃO ANTONIO DOS SANTOS LIMA;
Secretário: ANTONIO LUIZ DA CRUZ FRANCO;
Tesoureiro: JOSÉ DUARTE GALVÃO.

∴

Padre Bartolomeu

Carlos Alberto Carvalho Pires

O Padre Maçom entre a cruz e a Loja, a saga do vigário Bartolomeu.

"Há instantes em que os homens são senhores de seu destino." W. Shakespeare. O devotado Padre católico chamado Bartolomeu da Rocha Fagundes, nosso querido e inesquecível Irmão, sacrificou sua carreira eclesiástica por ser rigorosamente fiel ao juramento sagrado prestado durante a Iniciação. Sua lealdade e retidão estavam acima de qualquer interesse Profano, mesmo quando sua vocação de sacerdote ficou sob risco de extinção, por determinação de seus superiores.

Todo este drama, que se iniciou formalmente em meados do século XVIII, converteu-se em um assunto polêmico, intrincado e, infelizmente, muito mal compreendido, até os dias atuais. Trata-se, certamente, de uma rara demonstração de inequívoco amor à Maçonaria, e do mais profundo respeito aos nossos sagrados princípios.

O episódio vivenciado pelo Vigário Bartolomeu, ocorrido durante a chamada "Questão Religiosa" (1872 a 1875) – uma das poderosas circunstâncias que abalaram as Colunas do Império – nos mostra um legítimo exemplo de grande Maçom. Fazendo honrar sua palavra mesmo nas piores adversidades, sua postura, na opinião de muitos, comprova indubitavelmente que existe total compatibilidade entre o papel oficial de religioso e de Maçom regular, considerando o aspecto ético e filosófico da situação. Para outros, trata-se de um insubordinado que abandonou a fé e o Vaticano.

A lembrança de sua vida e a bravura de suas atitudes nos auxiliará, como um maravilhoso legado histórico, a entender e desmistificar um dos grandes tabus que assola as almas de muitos fiéis: é possível um religioso, ou mesmo um fiel, integrar o quadro de Obreiros regulares de nossa Fraternidade?

∴

Padre Feijó (Regente Feijó)

Padre DIOGO Antonio FEIJÓ (Batizado a 17.8.1784 – 10.11.1843) Loja "Amizade" – FEIJÓ foi Iniciado em 1833, chegando a alcançar o Gr∴ 18, e não até 33 como erroneamente em São Paulo se costuma divulgar. Só chegou a "Rosa-Cruz" e ao Cargo de 2º. Vigilante de sua Loja-mãe, porque os seus constantes afazeres políticos não lhe deram tempo para dedicar-se à Maçonaria.

Padre Diego Antonio Feijó (Padre Feijó) – GOB – SCB

Sacerdote católico e estadista brasileiro. Considerado um dos fundadores do Partido Liberal.

A história do nascimento do Padre Antônio Diogo Feijó não é exata. Ele teria nascido ou sido deixado na casa do Padre Fernando Lopes de Camargo, em São Paulo. Batizado como "filho de pais incógnitos", ele era tido como filho do Padre Félix Antônio Feijó e de Maria Joaquina de Carvalho, que viviam em Cotia, São Paulo. Feijó era um Padre secular e não um membro do clero regular. Suas relações com a Igreja Católica foram tensas, especialmente porque ele moveu uma campanha contra o celibato dos Padres.

Na juventude, ele iniciou uma carreira de professor de história, geografia e francês nas vilas vizinhas de São Paulo, como Parnaíba, Guaratinguetá e Campinas. Mais tarde, estabeleceu-se em Itu, na comunidade dos "Padres do Patrocínio", liderada pelo Padre Jesuíno do Monte Carmelo. Ali ensinou filosofia, com grande influência do pensamento racionalista de Kant. Escreveu um compêndio de filosofia, o primeiro a tratar do pensamento kantiano no Brasil, o que o liga também à história da filosofia em nosso país.

Em 1821, foi eleito deputado por São Paulo nas Cortes de Lisboa, onde fez um corajoso discurso em favor da independência do Brasil. Ameaçado pela agitação contra os brasileiros separatistas que tomava conta das ruas, fugiu para a Inglaterra com ajuda de diplomatas britânicos. Regressou ao Brasil depois da proclamação da Independência, em 1822.

Como membro da Câmara Municipal de Itu, aprovou uma moção contra a Constituição de 1824, imposta pelo imperador com a intenção de estabelecer uma Monarquia absolutista. A crise política instalou-se e se estendeu até 1831, quando Dom Pedro I abdicou em favor de seu filho, Dom Pedro II, com cinco anos de idade.

Até a maioridade do novo imperador, o Brasil seria governado por regentes. Feijó foi ministro da Justiça da segunda regência trina. Ao criar a Guarda Nacional, angariou o apoio da maioria da aristocracia rural. Deixou o ministério, mas foi feito presidente do Senado em 1833, pelo Rio de Janeiro. Sua posição contra José Bonifácio, conservador, o colocou como um dos líderes dos Liberais. Isso o fortaleceu para se tornar regente do Império, em outubro de 1835.

Feijó fundou o Partido Progressista, que deu origem ao Partido Liberal. Seus opositores formaram o grupo Regressista, que gerou o Partido Conservador. Feijó atraiu a ira da aristocracia ao apoiar o fim da escravidão e enviar uma missão a Londres para tratar medidas de repressão ao tráfico negreiro. Ao mesmo tempo, enfrentou movimentos separatistas e populares como a Cabanagem, no Pará, a Revolta dos (escravos) Malês, na Bahia, e a Revolução Farroupilha no Rio Grande do Sul. Acuado, renunciou em 19 de setembro de 1837.

Mas voltou a presidir o Senado, em 1839. Participou da Revolta Liberal de 1842, de Sorocaba (SP). Foi preso, levado para Santos, depois para o Espírito Santo. Defendeu-se da acusação em 15 de maio de 1843, conseguindo ser absolvido, mas morreria no mesmo ano, meses depois.

∴

Padre Aloísio Guerra

UM MAÇOM TRISTE É UM TRISTE MAÇOM

Apesar dos tempos difíceis que atravessamos, é preciso SORRIR. Gosto muito de um decalque divulgado pelos evangélicos: **"Sorria, Jesus te Ama"**. Todos já ouviram a expressão: "Rico ri à toa". Aqui se considera a riqueza material. Ora, todo aquele que tem um bom relacionamento com Deus, com as pessoas, como bom filho de Deus, por exemplo, deve sempre considerar, espiritualmente, um milionário, por ser um agraciado por Deus. O Maçom também tem motivo de sobra para rir à toa, até pelo simples fato de ser Maçom. Conheço vários Maçons que assim se consideram.

Padre Aloísio Guerra

Quanto a mim, continuo afirmando os dois maiores momentos de minha vida:

a) Quando fui Ordenado Sacerdote.

b) Quando fui Iniciado Maçom!

Precisamos provar que somos sustentados pela fé e pela esperança que nos tornam "Maçons Felizes". Se dos santos foi dito: "Um santo triste é um triste santo", também do Maçom vale dizer: "Um Maçom triste é um triste Maçom".

Nietzsche disse que só acreditaria na Igreja quando visse os cristãos saindo da missa dominical com cara de ressuscitados e não de pecadores.

O mesmo vale para nossa Maçonaria. Os outros precisam acreditar ao vermos saindo dos Templos Maçônicos, não pessimistas, lamuriantes, criticando tudo e a todos, mas homens contentes, otimistas apesar de tudo, dispostos a contribuir para um mundo menos imundo, a ajudar em tudo aos mais carentes, espiritual e materialmente. Precisamos testemunhar que somos pessoas interessadas somente no bem. Que os Profanos olhem para nós com admiração, pensando: "Ele é Maçom, por isso é tão feliz". Se acreditarmos que o filho do G∴ A∴ D∴ U∴ ressuscitou, temos que ressuscitar com Ele, para uma vida digna, uma vida dedicada ao bem comum, em ações concretas.

As pessoas andam muito tensas, por vezes à beira do estresse. Não sorriem, não perdem tempo para se deleitar com a beleza e o perfume de uma flor. Não brincam mais com os outros ou com as crianças. Pois bem, o Maçom tem o dever de reverter esta situação. Sorrindo e fazendo os outros sorrir. Muitos não atentaram para o valor do sorriso que custa tão pouco, mas com um imensurável valor. Precisamos mostrar a força renovadora da Maçonaria! Para os "insossos" desanimados, sejamos o sal da terra (Mt 5,13); para os pessimistas que vivem no escuro, desnorteados, sejamos a "Luz do Mundo" (Mt 5, 14).

Nossa garantia nos foi dada pelo G∴ A∴ D∴ U∴. Nosso

grande triunfo é a Esperança. Contra tudo e contra todos, não a percamos. Por Deus esqueçamos a Maçonaria no tempo da Independência, da Abolição, da Proclamação da República... Esqueçamos o ontem. Vivamo-la HOJE. Cheios de confiança, Fé e Esperança, vencendo, etapa por etapa, venceremos o mundo, sabendo temperar nossas ações com sal e a luz do amor fraternal. Amor verdadeiro que se concretizará na solidariedade, espiritual e material.

O Maçom deve e precisa ser um otimista (O otimista pode errar; o pessimista está errado), procurando subir a Escada de Jacó está à nossa disposição, degrau por degrau, confiando sempre que o melhor vai acontecer e acontecerá. Por isso, Sorria, Maçom!!!

Maçom, Padre, escritor e acadêmico.
Pe_aloisio@hotmail.com

∴

O Recém-Iniciado Padre Cícero

Nossa atenção foi despertada pela admiração do radialista Hélio Lopes da Rádio Regional AM Ipu, ao comentar um artigo de um jornal de sua região que noticiava em destaque:

> *Ceará – Um Padre da Igreja Católica ingressou na Ordem Secreta Maçônica.*

A Ordem Maçônica Milenar, durante sua longa história teve sempre como grande rival a Igreja Católica Apostólica Romana. Por ser uma associação secreta e fugir do controle de todos, os católicos nunca aceitaram e, por não terem conhecimento das ações e de sua filosofia, espalharam os mais absurdos boatos sobre a Maçonaria. Quando um religioso resolvia ingressar na ordem secreta, logo era visitado por religiosos fazendo de tudo, com o objetivo de desestimular o Profano a ingressar na Maçonaria. Hoje mesmo vivendo na era da tecnologia, do progresso, etc... a falta de conhecimento de muitos ainda faz pensar que a MAÇONARIA tem práticas absurdas.

O recado direto da Maçonaria da região norte, do estado do Ceará, faz cair por terra toda rejeição no meio católico

Ingressou na Ordem Maçônica, na Loja Humberto Taumaturgo Dias Nº 37, do Oriente de Reriutaba, o Padre CÍCERO GOMES DE SOUZA. O novo Irmão iniciou no dia 09 de setembro de 2011 em Reriutaba.

O Padre ou Irmão Gomes teve uma passagem de seis meses em Ipu, sendo auxiliar do Mons. Moraes em 2007, na paróquia de São Sebastião. Ordenado na Espanha em 2010, atualmente, o Padre Gomes mora em Reriutaba. Afirma que ingressou na Ordem Maçônica, depois de várias consultas da Filosofia Maçônica e que tem observado em Reriutaba, que todo Maçom tem um comportamento diferenciado. "É um homem de paz, compreensivo e de muito amor", disse o Padre sobre os Irmãos.

O Padre Irmão esteve na cidade de Ipu fazendo uma visita aos Irmãos da Loja "Vigário Bartolomeu Fagundes Nº 35", Oriente de Ipu, na última terça-feira dia 25.10.2011. Na oportunidade foi recepcionado pelas luzes da Loja.

Se algum religioso tem dúvidas da Ordem Maçônica, pergunte ao Padre Maçom."

Fonte: Hélio Lopes / Rádio Regional AM Ipu

∴

Os Liberais de 1817

Cada um de nós tem o seu destino. Assim como são as criaturas, são os países. Há um destino traçado para cada pedaço de terra. O destino da terra pernambucana, meus meninos, é o da liberdade.

Desde os primeiros dias históricos, Pernambuco vem lutando para ser livre. Contemos a história destes dias. No ano de 1535 chegou a Pernambuco o fidalgo português Duarte Coelho, a quem El-Rei D. João III havia dado aquele pedaço do Brasil.

Arco Verde, o maior dos tabajaras (a tribo selvagem mais importante de todo o território pernambucano), recebeu hospitaleiramente o fidalgo português, toda sua família e toda a sua gente. A aldeia do chefe dos tabajaras ficava na colina de Marim, que é o lugar onde hoje se ergue a cidade de Olinda.

Acontece que foi a colina de Marim que Duarte Coelho escolheu para erguer suas casas e as casas de seus homens.

Arcoverde e seus comandados não estavam dispostos a se desalojar de sua aldeia para servir gente estranha. Duarte Coelho era um homem do seu tempo e, para homens daqueles tempos, selvagens não tinham direitos, não podiam ter liberdade de dispor do que lhes pertenciam. E, de armas em punho, tenta D. Duarte apossar-se da colina. Trava-se a guerra entre selvagens e civilizados. Os tabajaras são vencidos – a colina de Marim passa às mãos dos portugueses.

É o primeiro movimento da gente pernambucana pela posse do seu solo, pela liberdade de possuir, e pelos direitos sagrados.

Mais tarde é o longo e sangrento drama da ocupação flamengal. Um dia, inesperadamente, no ano de 1624, uma esquadra holandesa planta-se diante de Olinda e de Recife e, a tiros de canhão, exige que os pernambucanos lhes entreguem as terras, os engenhos, tudo que possuem.

Os pernambucanos não obedecem a tais senhores, que, a fogo e a bala, fazem tão revoltantes exigências. Os holandeses, mais fortes e mais armados, se apossam da capitania, mas os pernambucanos lutam e lutam durante trinta anos, pode-se assim dizer, porém acabam expulsando os intrusos e reconquistando a liberdade.

Passam os tempos. Pernambucanos e portugueses tornam-se inimigos. Os portugueses querem ser os senhores absolutos da terra que, por direito, deve ser dos pernambucanos. Trava-se a guerra. Corre muito sangue, sangue que serve para engrandecer e purificar o sentimento de liberdade do povo que expulsou os holandeses. O sentimento ficou implantado para sempre na alma pernambucana.

Ao terminar o século XVIII, em Itambé, nas divisas de Pernambuco com a Paraíba, está formado um clube denominado *Areópago de Itambé,* dirigido pelo Dr. Manuel de Arruda Câmara.

Este clube, formado pelas figuras mais ilustre de Pernambuco, tem muitos patrióticos dispostos a trabalhar pela independência do Brasil. Pode se dizer que a revolução liberal de 1817 teve suas origens no Areópago de Itambé. Algumas de suas figuras pertenceram ao grêmio dirigido pelo Dr. Arruda Câmara.

∴

O Areópago de Itambé
Primeira Coluna de Um Templo Maçônico

Areópago de Itambé

O Areópago **de Itambé** foi a primeira Loja Maçônica do Brasil, fundada em 1796 por Manoel Arruda Câmara, ex-frade carmelita, médico pela faculdade de Montpellier e botânico, na raia das províncias de Pernambuco e Paraíba.

Faziam parte do Areópago os dois Irmãos Arruda Câmara, os três Irmãos Cavalcanti de Albuquerque, os Padres Velho Cardoso, Pereira Tinoco, Albuquerque Montenegro, João Ribeiro Pessoa, José Luís Cavalcanti Lima, sendo este último Vigário de Recife, Pernambuco.

A Loja **Areópago de Itambé** sempre funcionou na Cidade de Itambé, Pernambuco, cuja Obediência Maçônica é ao Grande Oriente Independente de Pernambuco, sendo filiada à COMAB. A Loja Maçônica Nº 17 Areópago de Itambé foi um projeto político, pautado na luta pela igualdade, liberdade e fraternidade. A localização da fundação da Primeira Loja Maçônica do Brasil foi estratégica, pois a casa onde fora fundada está na limítrofe das duas cidades dos estados de Pernambuco e Paraíba, outrora Vilas das Províncias de Pernambuco e Paraíba.

Segundo os autos históricos e referências feitas pelos antigos moradores das duas cidades, conta-se que os areopagitas, Maçons da época, dotados de sabedoria exemplar, se reuniam constantemente na referida casa e os artefatos, Símbolos e insígnias eram levados para a utilização e, ao final de cada reunião, eram levados para a casa dos Maçons para não levantar suspeitas.

No entanto, devido ao fluxo constante de pessoas influentes pelas estradas das redondezas, a influência da Maçonaria foi percebida, e denúncias foram feitas ao Poder Imperial que, por volta de 1802, enviou uma tropa da Guarda Imperial até a região, prendendo alguns Maçons, e outros fugiram, para fazer semear a Maçonaria em outras localidades, como as Lojas do Cabo de Santo Agostinho, Recife, Igarassu e outras.

Em Pernambuco, no século XVIII, a Liberdade partiu do seio das Sociedades Secretas, nos lábios dos adeptos da Maçonaria para os ouvidos da multidão. Quantas tentativas fizeram os pernambucanos para gritar a todos os povos livres: somos Irmãos! Quanto sangue derramaram nossos avós na conquista da Liberdade! O primeiro estabelecimento fundado, o primeiro centro que começou a estudar as ideias adiantadas foi o AREÓPAGO DE ITAMBÉ, fundado pelo Dr. Manuel de Arruda Câmara, sábio paraibano, botânico, médico, formado em Montpellier, partidário exaltado das ideias francesas.

Do AREÓPAGO faziam parte o Capitão André Ferreira Dias

de Figueiredo e os Padres Antônio Félix Cardoso, Miguel Joaquim de Almeida, Monsenhor Muniz Tavares, o Bispo Azeredo Coutinho, José Pereira Tinoco, Antônio d'Albuquerque Montenegro e João Ribeiro Pessoa, além dos Irmãos Arruda Câmara, os Irmãos Suassuna e os Irmãos Luiz e José de Paula Cavalcante de Albuquerque.

Tudo leva a crer que esse AREÓPAGO de que a História guarda tradições era uma LOJA MAÇÔNICA, pois tendo vindo o Dr. Arruda Câmara da Europa, onde se iniciara nos poderosos e delicados mistérios da democracia, trazendo o exemplo vivo da queda da Bastilha, fundara uma associação semelhante a em que fora Iniciado no Velho Mundo. Além disso, a Maçonaria, naquele tempo, como a encontramos na independência do Brasil, era mais uma associação política com o juramento dos Irmãos fazerem a Pátria Livre, do que uma Sociedade de filantropia e beneficência, como hoje. Essas Sociedades Secretas, que se chamaram Areópagos, Academias, Lojas, Oficinas, Universidades ou coisa semelhante, eram LOJAS MAÇÔNICAS para aqui transplantadas pelos espíritos adiantados que se iniciaram na Europa ou nos Estados Unidos, diferindo de nome justamente para fazer confusão, desnortear o governo português, não levantar suspeitas e melhor propagar as ideias da democracia disfarçadamente.

Quem conhecer a história dessa poderosa Sociedade, que tanto medo causa aos déspotas e aos tiranos e tanto tem concorrido para a independência dos povos, verá pela descrição que o AREÓPAGO, diz o Dr. Maximiano Machado, da ASSOCIAÇÃO DE ITAMBÉ, era um dos Templos Maçônicos semelhantes aos da Europa e o primeiro que se instituiu no Brasil. Era o AREÓPAGO uma sociedade política, intencionalmente colocada na raia das Províncias de Pernambuco e Paraíba, frequentada por pessoas salientes de uma e de outra parte e donde saíam como de um centro para a periferia, sem relatos nem arruídos, as doutrinas ensinadas.

Tinha por fim tornar conhecido o estado geral da Europa, os estremecimentos e destroços sob o influxo das ideias democráticas.

Era uma espécie de magistério que instruía e despertava entusiasmo pela República. A primeira tentativa do AREÓPAGO DE ITAMBÉ foi tornar Pernambuco independente, sob a proteção de Napoleão Bonaparte. Não um simples pensamento, mas uma ideia que não teve execução devido a um malogro inesperado. Já José Francisco de Paula Cavalcante se achava em Lisboa como agente acreditado e Francisco de Paula Albuquerque Montenegro tivera poderes de seguir para o Rio da Prata e Nova York, no mesmo caráter, ambos filiados ao AREÓPAGO, quando uma denúncia fez o primeiro ser preso e mais tarde solto devido à falta de provas.

E, quando Napoleão expiava em Santa Helena as culpas do conquistador, momentos após a Revolução de 6 de março de 1817, ainda Pernambuco fez uma tentativa, por intermédio de seu emissário nos Estados Unidos, para arrancar dos penhascos o grande prisioneiro que anteriormente lhe prometera independência, dando-lhe pouso seguro em Fernando de Noronha, até que os seus melhores oficiais o colocassem novamente no trono de França, que ele tanto engrandeceu.

As ideias começadas pelos dois Arrudas - Manuel de Arruda Câmara, habilíssimo médico naturalista e Francisco de Arruda Câmara, doutor em Medicina -, ambos residentes em Goiânia, e de grande preponderância no AREÓPAGO pelos vigários de Santo Antônio e Recife, cresceram e propagaram-se pelos estabelecimentos das Lojas Maçônicas, nas quais, excluídas das suas Sessões particulares os Maçons europeus, a maior parte era constituída de filhos do país que, seduzidos desde a chegada de Domingos José Martins, se fizeram conspiradores.

O AREÓPAGO DE ITAMBÉ, sendo uma sociedade secreta-política era, em verdade, uma LOJA MAÇÔNICA fundada para cogitar de liberdade do povo pernambucano, de acordo com o que sucedera na França, nos Estados Unidos e estava combinado realizar-se em toda a América Latina.

FOI ESSE AREÓPAGO A PRIMEIRA COLUNA DE UM

TEMPLO MAÇÔNICO LEVANTADA EM SOLO BRASILEIRO e sobre o qual, a par de estudos científicos, de combinações políticas para a Independência da Pátria, se rendeu sincero culto ao Supremo Arquiteto do Universo. Aqueles que frequentaram o AREÓPAGO DE ITAMBÉ, nele receberam as primeiras lições de patriotismo, beberam as primeiras taças do sentimento de Igualdade e Fraternidade, ouviram pela primeira vez o Hino da Liberdade e sonharam uma Pátria independente da metrópole.

O AREÓPAGO DE ITAMBÉ foi primeiro a estação inicial de radioatividade democrática, o portador dos mais elevados ideais de INDEPENDÊNCIA, de REPÚBLICA e de DEMOCRACIA.

Revista Vanguarda Nacional
Irm∴ Getúlio Guedes

∴

A Revolução Pernambucana de 1817 Também Chamada A Revolução dos Padres

Em 1817, no Campo das Princesas, em Recife, os revoltosos dominaram o antigo Palácio do Governo.

O fator preponderante na Revolução pernambucana de 1817, também chamada Revolução dos Padres, foi o envolvimento do elemento clerical. Nada menos do que 60 Padres e 10 frades dela participaram. Dentre os três primeiros estavam aqueles que compunham o bispado.

Em 1817, na Revolução que estoura em Pernambuco, seus líderes buscavam inspirações nas Constituições Francesas de 1791, 1793, 1795. Os filhos de senhores de engenho que viajavam ao exterior completando seus estudos em Portugal ou França voltavam imbuídos de novas ideias e se tornavam seus principais propagandistas.

As razões dessas rebeliões podem ser encontradas nas queixas contra os impostos, na falsificação das moedas e das denúncias frequentes sobre a ausência de liberdade. O conjunto de dificuldades que se abateu sobre a capitania levou-os à busca de saídas para a crise. O seminário de Olinda era um reduto importante dos estudos sobre estes ideais iluministas tornando-se um disseminador destas ideias.

O artigo vem mostrar a importância desta revolução no começo do século XIX. As ideias progrediam estimuladas por uma situação política e econômica opressiva, externamente o Brasil sugado por Portugal, sustentando um Estado doente e apodrecido.

A República Pernambucana

O PRIMEIRO GOVERNO REPUBLICANO BRASILEIRO

Nessa época o seminário de Dom José Joaquim de Azevedo Coutinho em Olinda divulgava novas ideias. Buscava Liberdade através de uma república. Todos no nordeste são vítimas, ricos e pobres. E esta generalização das vítimas possibilitou a união das camadas diferentes da população, levando-as à luta contra o inimigo comum, Portugal. A revolta estourou no dia 6 de março e teve duração de 75 e cinco dias. Logo no dia 8 de março de 1817 estava constituído um governo republicano tão sonhado pelos líderes Pernambucanos. Administrado por um governo de cinco nomes, com um conselho também de cinco membros, com uma durabilidade tão pequena, mas foi o bastante para demonstrar como se desmonta uma máquina de opressão, A República de 1817 foi o primeiro governo realmente brasileiro. Previa uma constituição a ser votada por uma assembleia constituinte; tinha traços progressistas notórios para a época, liberdade religiosa e de pensamento, entre outras. Seus líderes lutaram ativamente por aquilo que chamavam de "direitos naturais" dos cidadãos. Tratava-se, sobretudo, de uma luta contra a censura, ou seja, pela liberdade de imprensa.

No que diz respeito à religião, à moral e à política, o indivíduo precisa ter assegurado o seu direito à liberdade de pensamento e de expressão. Foram estas ideias que impulsionaram o movimento emancipacionista.

E dentro deste sistema, os Padres estão bem presentes, um deles, Frei Caneca, teve uma participação marcante, porém não muito citada, segundo alguns teóricos. Joaquim da Silva Rabelo, Frei Caneca (1779 -1825) foi educado no convento do Carmo e Professor do Seminário de Olinda, centro de difusão das ideias liberais, tornando-se um intelectual erudito e homem de ação (FAUSTO, 1999). O Seminário de Olinda era uma das melhores escolas secundárias do Brasil.

Nela, os jovens eram formados segundo um novo modelo inspirado na observação da natureza e na valorização de um espírito prático, afastando-se das especulações do ensino jesuítico. Esse era o modelo de sacerdote que se pretendia formar no Seminário, educando sempre jovens atentos aos elementos da natureza, mas também contribuía, para formar, no plano político, republicanos desejosos de livrar-se de Portugal.

Foram esses pressupostos pedagógicos que orientaram a educação de Frei Caneca. Seguiu vida religiosa e participou ativamente nos centros políticos liberais. Tornou-se professor de retórica e de geometria no convento. Desenvolveu estudos de gramática quando esteve na prisão e lecionou filosofia. Influenciado pelas ideias liberais de sua época, participava de um grupo de pessoas que partilhavam com os princípios defendidos pelas lideranças da Revolução Francesa e da Independência do EUA. Além disso, elaborou textos de conteúdo didático preocupado em instruir o povo, segundo os valores que acreditavam corretos.

Frei Caneca foi "defensor do equilíbrio dos poderes, do respeito à constituição e, sobretudo, do fortalecimento da civilização através da educação, do esclarecimento, da propagação das Luzes do saber" (Morel, 2000 apud Francisco Verri). O religioso concebeu a educação como aquela que liberta as massas, e a forma de conseguir conquistar os objetivos passa tanto pela educação quanto pelo meio de comunicação, Tanto assim que em 1823 fundou um jornal para conseguir transmitir os seus pensamentos. A igreja, na época, estava sendo tolhida de expor seus pensamentos.

A religiosidade estava presente dentro das ideias da revolução pernambucana. Em nenhuma outra região, a impopularidade da Corte portuguesa foi tão intensa quanto em Pernambuco. Outrora um dos mais importantes e prósperos centros da produção açucareira do Nordeste brasileiro, Pernambuco estava atravessando uma grave crise econômica em razão do declínio das exportações do açúcar e do algodão. Além disso, a grande seca de 1816 devastou a agricultura, provocou fome e espalhou a miséria pela região.

No começo do século XIX, Olinda e Recife, as duas maiores cidades pernambucanas, tinham juntado cerca de 40.000 habitantes (o Rio de Janeiro, capital da colônia, possuía 60 000 habitantes). O porto do Recife escoava a produção de açúcar, das centenas de engenhos da Zona da Mata, e de algodão. Além de sua importância econômica e política, os pernambucanos tinham participado de diversas lutas libertárias. A primeira e mais importante tinha sido a Insurreição Pernambucana, em 1645. Depois, na Guerra dos Mascates, foi aventada a possibilidade de proclamar a independência de Olinda.

As ideias liberais que entravam no Brasil junto com os viajantes estrangeiros e por meio de livros e de outras publicações incentivavam o sentimento de revolta entre a elite pernambucana, que participava ativamente, desde o fim do século XVIII, de sociedades secretas, como as Lojas Maçônicas. Em Pernambuco as principais foram o Areópago de Itambé, a *Patriotismo*, a *Restauração*, a *Pernambuco do Oriente* e a *Pernambuco do Ocidente*, que serviam como locais de discussão e difusão das "*infames ideias francesas*". Nas sociedades secretas, reuniam-se intelectuais religiosos e militares, para elaborar planos para a revolução.

A fundação do Seminário de Olinda, filiado a ideias iluministas, deve ser levada em consideração. Não é por outro motivo que o levante ficaria conhecido como "revolução dos padres", dada a participação do clero católico. Frei Caneca tornar-se-ia um símbolo disso.

LISTAGEM DOS 60 PADRES E 10 FRADES QUE DELA PARTICIPARAM

01 – Deão Bernardo Luiz Vieira Portugal
02 – Cônego Manoel Vieira de Lemos
03 – Cônego João Rodrigues Mariz
04 – Cônego Inácio Alves Monteiro
05 – Padre Pedro de Souza Tenório
06 – Padre João Ribeiro de Melo Montenegro
07 – Padre Miguel Joaquim de Almeida Castro
08 – Padre José Inácio Ribeiro de Abreu Lima
09 – Padre José Martiniano Pereira de Alencar
10 – Padre Gonçalo Inácio de Loiola
11 – Padre Francisco Muniz Tavares
12 – Padre João Cavalcante de Albuquerque
13 – Padre Miguel Carlos da Silva Saldanha
14 – Padre Miguel Gonçalves da Ponte
15 – Padre José Ferreira Nobre
16 – Padre Antonio de Almeida Azevedo
17 – Padre José Gomes Chacom
18 – Padre José Veríssimo Freire
19 – Padre Antonio Jacome Bezerra
20 – Padre Francisco da Costa Medeiros
21 – Padre Virgílio Rodrigues Campelo
22 – Padre João Barbosa Cordeiro
23 – Padre Luiz Cavalcante Lima
24 – Padre Francisco de Sales
25 – Padre Antonio Ferreira de Albuquerque

26 – Padre Manuel José de Assunção
27 – Padre José Inácio de Brito
28 – Padre José da Costa Cisne
29 – Padre Francisco Manoel de Barros
30 – Padre Carlos José dos Santos
31 – Padre Antônio Felix Velho
32 – Padre João Batista da Fonseca
33 – Padre Inácio de Almeida Fortuna
34 – Padre João Gomes de Lima
35 – Padre Francisco Xavier Garcia
36 – Padre Antonio José Cavalcante Lins
37 – Padre Venâncio Henrique de Resende
38 – Padre José Felipe de Gusmão
39 – Padre Francisco Dias de Oliveira
40 – Padre Luis José Correa de Sá
41 – Padre Inácio Bento
42 – Padre Luis Carlos Coelho de Sousa
43 – Padre Antonio de Albuquerque Montenegro
44 – Padre Antonio de Souto Maior
45 – Padre Feliciano José Ornelas
46 – Padre João Damasceno Xavier Carneiro
47 – Padre José Gonçalves Ourique
48 – Padre Silvestre José da Costa Giras
49 – Padre Albano Monteiro
50 – Padre Antonio Carvalho Leal
51 – Padre Antonio Pereira de Sousa
52 – Padre Bento de Faria Braga
53 – Padre Caetano José de Sousa Antunes
54 – Padre Domingos Marques
55 – Padre Domingos de Sousa
56 – Padre Joaquim José de Santana
57 – Padre José Felício
58 – Padre José Inácio Duarte

59 – Padre Manuel Tavares da Silva Coutinho
60 – Padre Manuel Timóteo

A SEGUIR OS 10 FRADES INCLUINDO O "DONATO"

01 – Donato Jacinto Luis de Melo
02 – Frei Mercês
03 – **Frei** Joaquim do Amor Divino **Caneca**
04 – Frei João da Santa Ana Miguelino
05 – Frei José Maria do Sacramento Breyner
06 – Frei Francisco de Santa Mariana
07 – Frei João da Cruz
08 – Frei Francisco de Santana Pessoa
09 – Frei Francisco de S. Pedro
10 – Frei João da Conceição Loureiro

Fonte: Revista do Instituto do Ceará – O Seminário da Prainha, págs. 70 / 71
Plácido Aderaldo Castelo

∴

Morro pela Liberdade

Domingos José Martins

Domingos José Martins – Esta foi a frase de um dos heróis pernambucanos da Revolução de 1817, que visava proclamar a independência do nosso país, ainda sob o jugo português, e implantar o regime republicano no Brasil. Natural do Espírito Santo, Domingos José Martins era um homem viajado e culto. Estivera em Londres, em contato com as principais figuras do liberalismo inglês, e com o famoso general venezuelano D. Francisco de Miranda, deixando-se inflamar pelas ideias de que este era um ardente propagador da emancipação dos povos americanos.

Vindo para Pernambuco, em 1815, ligou-se ao capitão Domingos Teotônio Jorge, ao capitão José de Barros Lima, aos Padres João Ribeiro Pessoa, Miguel Joaquim de Almeida e Castro (Padre Miguelinho), tenente Felipe Nery Ferreira, Antônio Gonçalves da Cruz Cabugá e outros. O Governador de Pernambuco, Caetano Pinto de Miranda Montenegro, ao saber da conspiração, em que se tramava um movimento em favor da independência, incumbiu José Roberto da prisão dos elementos civis e o marechal Barbosa de Castro da prisão dos elementos militares. Tendo este, porém, se dirigido com palavras insultuosas ao capitão José de Barros Lima e ao tenente José Mariano Cavalcanti, foi por eles abatido a golpes de espada.

Desencadeou-se, então, o movimento. Caetano Pinto de Miranda Montenegro recolheu-se com sua família à fortaleza do Brum e os revolucionários correram a pôr em liberdade Domingos José Martins, que se achava preso por ordem do governador. Depois de alguns combates, coroados de êxito, constituiu-se, a 7 de março de 1817, no Recife, o governo republicano, de que faziam parte o Padre João Ribeiro, Domingos Teotônio Jorge, José Luiz de Mendonça, Manuel Corrêa de Araújo e Domingos José Martins. A revolução alastrou-se pelo interior, atingiu Alagoas, Paraíba, Rio Grande do Norte e Ceará, onde Tristão de Alencar se colocou à frente do movimento.

O Padre Roma, despachado para a Baía, foi logo preso e mandado fuzilar pelo conde dos Arcos. E, a 23 de abril, era o Recife bloqueado pela esquadra comandada pelo chefe de divisão Rodrigues Lobo e, a 1.º de maio, subia pelas margens do São Francisco, rumo a Pernambuco, a tropa enviada pelo conde dos Arcos, sob o comando do Marechal Joaquim de Mello Cogominho de Lacerda. Os realistas foram batidos no encontro do engenho de Utinga, foco da reação portuguesa, pelas forças de Francisco de Paula, General de divisão da nascente República. Não os perseguiu, porém, e deu assim prazo a que as forças se recompusessem e voltassem ao ataque. Temerosas do castigo do governo de D. João VI, várias vilas, como Santo Antão, Paudalho, Tracunhaém e outras, declararam-se contra a revolução. Domingos José Martins foi batido em um encontro, em maio, e o chefe do movimento ferido, capturado e posto a bordo de um dos navios da esquadra. Desmoronou-se, então, o movimento.

O Padre João Ribeiro, que queimou o arquivo revolucionário, para evitar perseguições a pessoas comprometidas, ingeriu veneno e, em seguida, enforcou-se. Seu corpo foi desenterrado da Igreja do Engenho Paulista e, indignamente, deceparam-lhe a cabeça, para presenteá-la, como um troféu de vitória, ao chefe de divisão Rodrigues Lobo. Na Bahia, a 12 de junho, foram executados Domingos José Martins, José Luiz de Mendonça e o Padre Miguelinho. Domingos José Martins portou-se como um bravo e, no momento da execução, disse: – Vinde executar as ordens do vosso sultão (referia-se ao conde dos Arcos). Morro pela liberdade!

Não foram esses os únicos patriotas da revolução republicana de 1817 que derramaram o seu sangue pela independência do Brasil. Também foram executados, na forca, no Recife, a 5 de julho, Antônio Henriques Rebello; a 10 de julho, Padre Pedro de Sousa Tenório, José de Barros Lima e Domingos Teotônio Jorge; a 21 de agosto, Francisco José da Silveira, Amaro Gomes Coutinho e José Peregrino de Carvalho; a 6 de setembro, Padre Antônio Pereira e Inácio Leopoldo de Albuquerque Maranhão.

O Conflito Armado

O movimento iniciou com a ocupação do Recife, em 6 de março de 1817. No regimento de artilharia, o capitão José de Barros Lima, conhecido como Leão Coroado, reagiu à voz de prisão e matou a golpes de espada o comandante Barbosa de Castro. Depois, na companhia de outros militares rebelados, tomou o quartel e ergueu trincheiras nas ruas vizinhas para impedir o avanço das tropas monarquistas. O governador Caetano Pinto de Miranda Montenegro refugiou-se no Forte do Brum, mas, cercado, acabou se rendendo.

Este movimento foi liderado por Domingos José Martins, com o apoio de Antônio Carlos de Andrada e Silva e de Frei Caneca. Tendo conseguido dominar o Governo Provincial, se apossaram do tesouro da província, instalaram um governo provisório e proclamaram a República.

Em 29 de março foi convocada uma assembleia, com representantes eleitos em todas as comarcas, foi estabelecida a separação entre os poderes Legislativo, Executivo e Judiciário; o catolicismo foi mantido como religião oficial, porém havia liberdade (o livre exercício de todas as religiões); foi proclamada a liberdade de imprensa (uma grande novidade no Brasil); abolidos alguns impostos; a escravidão, entretanto, foi mantida.

Destacaram-se neste trabalho, os Padres João Ribeiro, Miguel Joaquim d' Almeida Castro (Miguelinho), Joaquim do Amor Divino Caneca (Frei Caneca) João Ribeiro Pessoa de Mello Montenegro e José Inácio de Abreu e Lima (Padre Roma), que tiveram grande influência dentro da revolução Pernambucana. No caso de Frei Caneca, alguns autores dizem que é triste, porém, verificar que um dos personagens da história pernambucana deixou de ser devidamente lembrado ou foi apenas timidamente mencionado. Militarmente, os revolucionários tiveram que enfrentar forças muito superiores às de que dispunham. Foram muitos, também, os mortos e feridos. Ao norte do Recife, tentara-se o sistema de guerrilhas e nelas destacou-se a figura singular de um Padre Guerrilheiro, o Padre Souto Maior, liderando seus homens com muita bravura e poucos conhecimentos militares. Porém, muitos membros do clero viram um perigo na liberdade religiosa, até então proclamada, o que provavelmente significaria uma diminuição do poder político da Igreja. Presos, os líderes, entre eles, Martins e o Padre guerrilheiro Antonio de Souto

Maior, que o Marechal Cogominho logo os fez transportar para um dos navios do bloqueio de nome sinistramente irônico, Carrasco.

A Revolução Pernambucana de 1817 pode ser entendida como uma mudança de estrutura ideológica no sentido amplo da questão. A presença de clérigos é evidente dentro do contexto da revolução de 1817, liderada por Domingos José Martins, e seus ideais iluministas atingiram uma mudança radical na estrutura do pensamento filosófico do sistema vigente.

A Independência brasileira, escreve Oliveira Lima, foi mais diretamente servida no seu preparo pelo Seminário fundado por Azeredo Coutinho. Padres assim políticos não podiam ser sacerdotes de vida canonicamente exemplar. "A Revolução de 1817 pode se dizer que foi uma revolução de Padres formados no Seminário de Olinda" (cf. Escola de Heróis, p. 70).

O historiador E. Vilhena de Moraes, no seu livro O Patriotismo e o Clero no Brasil, falando sobre o Seminário de Olinda e sua ligação com a Maçonaria, comenta:

> *Com semelhante formação, não admira que rareassem as virtudes próprias do estado sacerdotal. Só por um verdadeiro milagre deixariam de entrar pelas frestas da doutrina e da ortodoxia desfalecimentos da disciplina e da moral.*
>
> *A grande hora dos Padres rebeldes foi em 1817. Dos 310 subversivos de Pernambuco, um quinto eram Padres ou frades, todos ou quase todos recolhidos à prisão. Alguns foram executados e dois preferiram o suicídio à humilhação do cárcere: o Padre Antônio José Cavalcante Lins e o Padre João Ribeiro Pessoa de Mello Montenegro. As causas da revolução pernambucana podem ser definidas como um protesto do Norte contra a supremacia do Centro-Sul ou do Sudeste. Esse mesmo protesto repetia-se em 1824, com a Confederação do Equador* (Francisco de Assis Barbosa, O clero no Parlamento Brasileiro).

No efêmero governo revolucionário de 1817, o Padre João

Ribeiro foi eleito governador, mas declinou o convite. Como secretário, foi escolhido o Padre Miguelinho (Miguel Joaquim de Almeida e Castro). Ambos tinham sido alunos e eram professores do Seminário de Olinda. Fez parte do governo o Vigário Geral, Deão Bernardo Luís Ferreira Portugal, que respondia pelo bispado durante a vacância da diocese.

∴

Confederação do Equador e a Maçonaria

(TAMBÉM CONHECIDA COMO A REVOLUÇÃO PERNAMBUCANA DE 1824)

A Revolução de 1824 teve como líder e ideólogo o célebre carmelita, formado no Seminário de Olinda, Frei Caneca. Contou com a colaboração de 60 Padres e Frades, entre os quais o carmelita Frei José Maria Brayner, que fundou, à sua custa, uma companhia que chegou a reunir 100 homens, apelidada de **Companhia dos Couraças**, porque os seus soldados se vestiam à maneira dos vaqueiros nordestinos, com uniformes de couro.

Frei Caneca, um dos maiores idealizadores da Confederação do Equador

Outro célebre guerrilheiro foi o Padre Bernardo, vigário de Saubara, que arregimentou um **batalhão de 400 homens**, equipando-os à sua custa, provendo-os de artilharia que ele mesmo ensinou a G. Vilar de Carvalho recorda que as ideologias revolucionárias do clero pernambucano eram fomentadas pelo iluminismo e liberalismo que animavam tanto o seminário de Olinda como as Lojas Maçônicas.

Os programas escolares valorizavam mais a geometria e as ciências naturais e econômicas do que a teologia.

> *No âmbito de uma mentalidade iluminista, não é de admirar que o Padre João Ribeiro fosse um naturalista e que Frei Caneca fosse um geômetra. Para esses Padres 'iluminados' do século XIX, não havia distinção entre lutar pela pátria ou pela salvação das almas; por sua salvação social e política ou por sua salvação eterna* (A Liderança do Clero nas Revoluções).

Em seguida foi criada a Academia do Paraíso, chamada também Academia Suassuna, administrada pelo Padre João Ribeiro, que a camuflava aos olhos da polícia do rei sob o nome de escola de desenho. Foi esta a mais importante de todas e teve em suas fileiras grande parte de clero da cidade, sem contar que diversos vigários do interior a ela eram igualmente filiados.

Depois surgiram outras academias, sempre com um nome qualquer que escondia sua verdadeira finalidade de lojas maçônicas. Em todas elas havia sempre pelo menos um sacerdote. O iluminismo chegou ao Nordeste pelas mãos dos Padres Oratorianos, aos quais o Bispo Azeredo Coutinho tinha confiado a fundação do seu Seminário.

> *Um autor anônimo da época deixou este testemunho sobre o Seminário de Nossa Senhora da Graça de Olinda, em 1817: que aí os eclesiásticos mostravam ter aprendido somente três pontos: 1) duvidar de tudo; 2) aborrecer livros; 3) ignorar os de Teologia* (id., ib.).

Em 1817, a Sé de Olinda estava vacante e a jurisdição episcopal dependia do Bispo do Rio de Janeiro, cujo prelado, preocupado com aqueles métodos de ensino, já vivia a amaldiçoar o Seminário de Olinda e a praguejar a sua conservação (id., ib.).

Vilhena de Moraes observa que "quase todos esses Padres revolucionários estavam filiados à Maçonaria. Uma explicação de semelhante hibridismo temo-la certamente nas doutrinas deletérias, professadas em Coimbra, e nas quais se abeberaram os intelectuais do famoso Seminário de Olinda, preparados assim para todo o gênero de defecções, até uma quase abolição, inconsciente talvez, do seu verdadeiro caráter sacerdotal".

"Seria fazer pouco da mentalidade desses homens, apontados, aliás, como oráculos do tempo reconhecer-lhes, de par com os sentimentos patrióticos, que não contesto, agudeza de vista para tudo, menos para discernir os intuitos anticristãos e antissociais dos latíbulos maçônicos que frequentavam." Aliás, convém notar que muitas dessas Lojas foram fundadas por clérigos seduzidos, não pelas doutrinas maçônicas, mas simplesmente para terem um ambiente secreto onde pudessem debater com segurança suas ideologias iluministas, galicanas, liberais e revolucionárias. A doutrina tipicamente maçônica veio depois, utilizando (enquanto pode) esse clero liberal para seus propósitos.

Vilhena de Moraes continua declarando que se deve "subscrever, sem receio, a observação de Oliveira Lima: Padres assim políticos não podiam ser sacerdotes de vida canonicamente exemplar". Com efeito, basta recordar que o mais célebre dos frades revolucionários formados no Seminário de Olinda, Frei Caneca, ordenado com 22 anos, teve três filhas (coisa bastante normal na época, diz J. F. Hauck, História da Igreja no Brasil,11/2, p. 131). Enquanto esteve na prisão, traduziu do inglês a História da Franco-Maçonaria. Como professor de matemática, fez o elogio: "Pela geometria conhecemos evidentemente a existência do Supremo

Arquiteto do Universo". Escreveu uma célebre carta sobre a sociedade maçônica em Pernambuco.

Prisão e Enforcamento de Frei Caneca

Foi detido no exercício de suas funções de Secretário das tropas sublevadas, das quais era também orientador espiritual, pelas tropas imperiais a 29 de novembro, sendo conduzido para o Recife.

Em 18 de dezembro de 1824 ali foi instalada uma comissão militar sob a presidência do coronel Francisco de Lima e Silva (pai do futuro Duque de Caxias) para proceder ao seu julgamento sob a acusação do crime de sedição e rebelião contra as imperiais ordens de sua Majestade Imperial. Com plenos poderes para julgar e condenar sumariamente, o acusado foi condenado à morte por enforcamento. O próprio condenado descreveu o seu julgamento:

> *No dia 20 fui eu conduzido perante o assassino tribunal da comissão de que eram membros o general Francisco de Lima e Silva, presidente; juiz relator, Tomás Xavier Garcia de Almeida; e vogais, o coronel de engenharia Salvador José Maciel, o tenente-coronel de caçadores Francisco Vicente Souto; o coronel de caçadores Manuel Antônio Leitão Bandeira; o conde de Escragnolle, que foi o meu interrogante.*

Nos autos do processo, Frei Caneca é indiciado como um dos chefes da rebelião, "escritor de papéis incendiários", sendo os dois outros chefes, Agostinho Bezerra Cavalcanti, capitão de granadeiros e comandante do 4º Batalhão de Artilheiros Henriques, e Francisco de Souza Rangel, por ser do corpo de guerrilha e achado com os dois primeiros.

Ao todo foram executados onze confederados, dos quais três no Rio de Janeiro. O primeiro deles foi Frei Caneca.

A 13 de janeiro de 1825, foi armado o espetáculo do enforcamento diante dos muros do Forte das Cinco Pontas. Despojado "do hábito religioso, ou seja, 'desautorado das ordens' na igreja do Terço, na forma dos sagrados cânones", ainda assim tendo três carrascos que se recusaram a enforcá-lo. A Comissão Militar ordenou seu arcabuzamento (Ação ou efeito de assassinar ou machucar através de tiros), ("visto não poder ser enforcado pela desobediência dos carrascos"), atado a uma das hastes da força, por um pelotão sob o comando do mesmo oficial. Seu corpo foi colocado junto a uma das portas do Templo carmelita, no centro do Recife, sendo recolhido pelos religiosos e enterrado em local até hoje não identificado.

Execução de Frei Caneca. Por Murillo La Greca.

O muro contra o qual o religioso foi fuzilado, vizinho ao Forte das Cinco Pontas, continua de pé. O local está marcado por um busto e por uma placa alusiva, colocada pelo Instituto Arqueológico, Histórico e Geográfico Pernambucano em 1917. Da iconografia sobre Frei Caneca, a obra mais conhecida do público é *Execução de Frei Caneca*, de Murillo La Greca.

O poeta e escritor João Cabral de Melo Neto descreveu, em versos, o último dia de Frei Caneca, em sua obra O *Auto do Frade*. Seu irmão, o historiador Evaldo Cabral de Mello, foi o organizador e redigiu a introdução ao livro *Frei Joaquim do Amor Divino Caneca,* Coleção Formadores do Brasil, Editora 34, Ltda., 2001, intitulada *Frei Caneca ou a Outra Independência*. Quanto aos demais protagonistas, conta Evaldo Cabral de Mello que Manuel de Carvalho se refugiou a bordo de uma fragata inglesa, indo viver em Londres, de onde só retornará após a abdicação para reiniciar uma carreira política que o levaria à presidência de Pernambuco e ao Senado do Império. O poeta Natividade Saldanha, secretário da Junta, asilou-se na Venezuela e depois em Bogotá, onde exerceu a advocacia e morreu em 1830.

Das medidas tomadas para a normalização do Seminário de Olinda foi com D. Vital que se deu início a uma forte reação:

> *Mas foi com D. Vital o início de uma reação rigorosa e cura completa. Pulso juvenilmente forte, um prelado de 27 anos, extirpa, sem receio, as profundas e extensas raízes daquele mal, revigora o organismo combatido, saneia o ambiente e, à custa do próprio martírio, restitui ao clero a saúde, e a vida, e a consciência de sua missão espiritual.*
>
> *Coube assim a D. Vital de Oliveira restaurar em Pernambuco, e, graças ao seu glorioso companheiro de lutas, D. Antônio de Macedo Costa, no país todo, os males decorrentes da heresia jansênico-galicana, que implantara Pombal e atuara entre nós, de modo inconfundível, durante tantos anos, em outras graves crises.* (E. Vilhena de Moraes, O Patriotismo e o Clero no Brasil, pp. 24-28.)

∴

Os Mártires da Revolução Pernambucana – 1817

Quatro réus foram arcabuzados na Bahia, nove enforcados em Pernambuco, sem falar nos que morreram na prisão (e não foram menos de 32) e sem falar também nos que tombaram nos combates travados com as forças de D. João VI.

Alguns dos revoltosos:

- Ignácio Leopoldo d'Albuquerque Maranhão, paraibano, enforcado;
- Pe. Antonio Pereira de Albuquerque, arcabuzado em 6 de setembro de 1817;

- Domingos Teotônio Jorge, enforcado em 10 de julho de 1817;
- José de Barros Lima (Leão Coroado), enforcado em 10 de julho de 1817;
- Pe. Pedro de Souza Tenório, enforcado em 10 de julho de 1817;
- Pe. João Ribeiro Pessoa Montenegro suicidou-se; José Peregrino Xavier de Carvalho, paraibano, arcabuzado em 21 de agosto de 1817; Domingos José Medeiros, arcabuzado em 12 de junho de 1817;
- Pe. Miguel Joaquim d'Almeida (frei Miguelinho), natalense, arcabuzado em 12 de junho de 1817.

O local das execuções era no Campo do Erário, no centro da cidade do Recife. Na sentença, era determinado que os corpos seriam esquartejados: cortavam as mãos, a cabeça e o tronco era amarrado e puxado por cavalos até o cemitério. As mãos e a cabeça eram expostos em locais diferentes. A cabeça do Pe. João Montenegro, em 2001, voltou para a cidade do Paulista (onde ele se suicidara) e enterrada no cemitério da Igreja de Santa Isabel, no centro da cidade.

Antonio Pereira de Albuquerque, mártir ilustre da revolução da Liberdade de 1817, de que ele mesmo foi autor e vítima, era natural da Paraíba, patrício, parente, amigo e condiscípulo do Pe. João Ribeiro Pessoa de Mello Montenegro (que se suicidou com o fracasso da revolução), com quem fizera os primeiros estudos, ordenando-se sacerdote; seu colega e amigo Pe. Ribeiro o imbuíra nos mistérios da democracia.

Frei Miguelinho (Miguel Joaquim d'Almeida), preso, permaneceu todo o tempo em silêncio, preferindo não se defender. Pelo contrário, no único momento em que foi interpelado pelos amigos, confirmou o que tinha feito. Junto com Domingos Jorge Medeiros seguiu para o local do fuzilamento rezando.

O governo considerou proscritos 35 revolucionários, entre

eles João Pitta Porto Carneiro e Manoel Maria Carneiro, que sumiram para não serem presos, torturados e mortos (ou degradados para a Índia); quem são esse proscritos?

Um dos que perseguiram e torturaram os pernambucanos era o Conde dos Arcos, em Salvador, Bahia.

∴

Mártires da Revolução de 1824 ou Confederação do Equador

A repressão foi exercida com uma severidade implacável, como se a animasse mais a ideia de vingança do que o propósito de punições. Assim, foram sacrificados:

No Recife: executados Frei Caneca, Lázaro dos Santos Fontes, Antonio Macário de Morais, Agostinho Bezerra Cavalcanti, Antonio do Monte, Nicolau Martins Pereira, José Heide Rodgers e Francisco Antonio Fragoso;

No Rio de Janeiro: foram executados Joaquim da Silva Loureiro, José Metrovich e João Guilherme Ratcliff;

No Ceará: executados o coronel João de Andrade Pessoa, Francisco Miguel Pereira, Luiz Inácio de Azevedo, Feliciano José da Silva e o famoso Padre Mororó; e ainda Tristão Gonçalves de Alencar Araripe;

Na Paraíba: assassinato de Félix Antonio Ferreira de Albuquerque.

Morreu em combate o intrépido jornalista do Correio do Rio de Janeiro, João Soares Lisboa.

1) Fonte: "Os Mártires Pernambucanos Vítimas da Liberdade nas duas revoluções ensaiadas em 1710 e 1817 – Pe. Joaquim Dias Martins (o livro consegue nominar 628 pessoas).

Share this:

∴

A Lei do Ventre Livre e A Questão Religiosa

Em 1871, havia sido promulgada a Lei do Ventre, ou Lei Visconde do Rio Branco, na época Grão-Mestre do Grande Oriente do Brasil.

A Maçonaria resolveu festejar a promulgação da Lei e essa *festa,* realizada no dia 2 de março de 1872, deu origem à Questão Religiosa do Segundo Império que, aparentemente seria uma guerra a mais da Igreja contra a Maçonaria, na verdade ocultava uma luta surda pelo poder entre a Igreja e o governo. Em resumo, aconteceu o seguinte: na solenidade em homenagem ao Visconde do Rio Branco, o **Padre Almeida Martins**, Maçom, discursou enaltecendo a Maçonaria e condenando a escravidão, o que enfureceu o Bispo D. Pedro de Lacerda, escravocrata, que puniu o sacerdote, o qual se recusou a deixar a Ordem como lhe fora determinado pelo Bispo.

Em seguida, o Bispo de Olinda, com a adesão do Bispo do Pará, proibiu a participação de sacerdotes em Cerimônias Maçônicas, não permitindo a realização de uma missa de comemoração do aniversário de uma Loja pernambucana.

Os Bispos da Bahia e do Rio Grande do Sul passaram a também combater os Maçons, e o Papa Pio IX escreveu uma carta aos Bispos brasileiros lembrando-lhes as encíclicas contra a Maçonaria. Esta recorreu ao governo contra os Bispos, e D. Pedro II, após consultar o Conselho de Estado, apesar de não ser Maçom, ordenou que a Igreja suspendesse o interdito contra a Ordem.

Tendo sido desobedecido, o Imperador processou e mandou prender os dois Bispos, de Olinda e do Pará, que foram condenados a 4 anos de prisão.

Ao suceder o Visconde do Rio Branco no Grande Oriente do Brasil, o Duque de Caxias solicitou a anistia dos Bispos e foi atendido. Em 5 de outubro de 1865, o Papa Pio IX levantou os interditos contra a Maçonaria, encerrando assim a Questão Religiosa.

A Revolução Farroupilha e o Papel dos Sacerdotes

Maria Helena Padoim
Professora do Curso de História do Centro Universitário Franciscano.

A maioria dos movimentos liberais ou emancipacionistas teve na Maçonaria o seu núcleo formador. A Inconfidência Mineira (1789), a Conjuração Baiana (1798), a Revolução Pernambucana (1817) e a Confederação do Equador (1824) são exemplos cabais. Com relação às questões do espaço fronteiriço platino, a atuação dos Maçons não foi diferente; entretanto a eles também se juntaram sacerdotes católicos, sobretudo no conturbado processo de construção dos Estados nacionais da região, no decorrer do século XIX.

O Espaço Fronteiriço Platino

Gervásio Neves, estudioso das questões teóricas sobre fronteira, citando Julliard e Chaves, explica que o conceito de fronteira é mais definido por suas características socioeconômicas do que pela acepção de zona ou faixa de territórios que se posiciona frente a outro território; não significa, portanto, uma linha divisória política, ou seja, não se confunde com limites de Estados. Caso entenda-se espaço como conceito que abarca somente a realidade física, é preciso que o significado global de fronteira faça-se acompanhar do termo região, pois região fronteiriça compreende um espaço que se posiciona frente a outro espaço de mando ou de poder de decisão, ou seja, "as fronteiras são relativas ao estado".

Dessa forma, o conceito de região não se associa unicamente a meras delimitações físicas. Ainda, observamos que os vocábulos espaço e região são usados, muitas vezes, com o mesmo significado.

Em relação à região platina, a expressão designa o espaço banhado pelo Rio da Prata e seus formadores; agregando-lhe os conceitos de fronteira ou espaço com conotação mais ampla, torna-se então, região fronteiriça platina ou espaço fronteiriço platino, em que estão imbricados a demarcação geográfica propriamente, o tempo e o contexto histórico.

O espaço fronteiriço possibilitou uma consciência de autonomia, de liberdade e de necessidade da força e da proteção, aspectos presentes na vida da campanha, que se constituíram em fatores que colaboraram na adesão às ideias federalistas pelos senhores estancieiros e/ou caudilhos. Essas ideias manifestaram-se, especialmente, na Revolução Farroupilha, que é um dos exemplos de luta pelo poder e pelo espaço de poder, entendido como espaço regional no contexto platino.

Com isso, afirmamos que tais relações de poder podem ser enquadradas no palco da história regional, ou melhor, das relações de poder regional enquanto espaço que se redefinia no contexto da construção dos Estados nacionais. As reivindicações do grupo, externadas na Revolução Farroupilha, vêm demonstrar que a província, através de sua elite, exigiu uma redefinição de seu espaço econômico, social e político. Suas reivindicações passaram a ser representadas por sua dominação econômica e simbólica em nível local, assumindo a forma de reivindicação regionalista.

O espaço fronteiriço platino historicamente construído e organizado desde o século XVIII foi palco de disputas internacionais, como espaço pertencente a nações diferenciadas – Portugal, Espanha e mais tarde Brasil, Argentina e Uruguai, bem como de lutas regionais e locais através da disputa do poder entre elites provinciais ou das províncias externas.

Tais disputas regionais e/ou locais se deram simultaneamente, na maioria dos casos. Porém, mais do que separar os povos sob domínios diferentes, o espaço fronteiriço possibilitou, e mesmo facilitou, no decorrer do século XIX, uma interação entre os sul-rio-grandenses, os orientais e os portenhos. Nesta interação destacamos a atuação da Maçonaria.

O espaço fronteiriço platino estudado aqui compreende,

em primeiro lugar, o contexto do século XIX com os territórios de Buenos Aires e províncias litorâneas da Bacia do Prata, da hoje Argentina, o território atual do Uruguai e a região da Campanha do Rio Grande do Sul. Compreende ainda suas características econômicas, sociais e políticas, bem como as relações que este espaço possibilitou. Nessa história, salienta-se a participação política dos sacerdotes, em particular na primeira metade do século XIX.

∴

Os Sacerdotes e sua Participação Política

Muitos jovens, no período colonial, tornavam-se sacerdotes porque aspiravam a uma ascensão social e cultural para si e suas famílias. Desta forma garantiam não só a perpetuação de uma tradição cultural-religiosa, como também os benefícios dos laços mantidos entre a Igreja e o Estado.

A maior parte das famílias encaminhava um de seus filhos ao sacerdócio, geralmente o primogênito, seguindo uma forte tradição cultural religiosa. Mas esta tradição aos poucos foi modificada, especialmente nas regiões mais urbanizadas, devido à criação dos corpos militares, no século XIX, que oferecerão novas oportunidades de trabalho e status social aos varões. Assim, alguns jovens que estudaram em seminários como os de San Carlos, de Buenos Aires, o de Olinda e do Rio de Janeiro, motivados pelos ideais da ilustração recebidos nas aulas e na leitura de obras (como os livros proibidos) optaram pela carreira das armas, como, por exemplo, Simon Bolívar, Moreno e San Martín. Outros seguiram o sacerdócio, mas nem por isso deixaram de perseguir seus ideais políticos, como Pe. Antonio Sáenz, Pe. Damaso Antonio Larrafiaga, Pe. Juan Ignácio Molina, ou Pe. José Antonio Caldas.

Pe. Antonio Sáenz, doutor em Teologia e em Direito e Leis pela Universidade de Charcas, professor de Direito Natural e das

Gentes na Universidade de Buenos Aires, publicou em 1822-23 a obra *Instituciones Elementales sobre el Derecho Natural y de Gentes*. Seus escritos foram muito lidos e utilizados pelas diversas lideranças que se formavam na região.

Pe. Damaso Antonio Larranaga nasceu no ano de 1771 em Montevidéu, estudou no convento dos franciscanos nesta cidade, no real Colégio de San Carlos em Buenos Aires (1789-93) e na Universidade de Córdoba de Tucumán, ordenando-se sacerdote no Rio de Janeiro em 1798. Defendeu, em 1792, *Theses ex Universa Philosophia*.

No Rio Grande do Sul, por ocasião da Independência do Brasil, existiam uma Vigaria Geral em Porto Alegre, 6 comarcas eclesiásticas (Rio Grande, Rio Pardo, Vacaria, Piratini, Cachoeira e Missões, Viamão e Triunfo), 25 paróquias e 5 curatos. A jurisdição eclesiástica do Rio Grande do Sul era feita pelo Bispado do Rio de Janeiro, sendo que a maioria do clero rio-grandense era formada de estrangeiros, principalmente italianos, açorianos, espanhóis, portugueses. Muitos destes eram ordenados no Rio de Janeiro e em São Paulo, como o Pe. Bernardo José Viegas, professor oriundo de Coimbra e ordenado em São Paulo (1826), os italianos Pe. Rafael Montano, Pe. José Ciciruello e Pe. Caetano.

No decênio 1835-1845, à semelhança da Inconfidência Mineira, da Revolução de Pernambuco de 1817 e da Confederação do Equador em 1824, no Rio Grande do Sul grande parte do clero tomou parte na guerra: "assim, grandes faixas da Igreja local aderiram à Revolução Farroupilha e levaram adiante o movimento com decisão e tenacidade até os limites das possibilidades".

Os ideais liberais que defendiam os sacerdotes explicavam-se especialmente pela sua formação nas universidades europeias, em cursos jurídicos de São Paulo, Olinda – PE, Buenos Aires e nos seminários, locais onde as ideias republicanas eram transmitidas pelos próprios mestres e assimiladas pelos alunos. Já existiam em diversos locais clubes republicanos animados, em sua maioria, pela Maçonaria.

O ensino superior de Direito no Brasil iniciou apenas em 1826 com a criação de dois cursos, o de São Paulo e o de Olinda, este último transferido para Recife em 1854. Tanto os currículos como os professores destes cursos foram em sua maioria oriundos da Universidade de Coimbra ou tiveram formação coimbrã. A Faculdade de São Paulo, marcada pelas tendências liberais, objetivou a formação de uma liderança política para o Brasil, enquanto que a de Olinda preocupou-se com a formação teórica, dedicando-se ao desenvolvimento da civilização e da nação brasileira, cujos estudos eram centrados na questão da raça.

Muitos destes sacerdotes encontravam nesses clubes o local para expressarem seus ideais políticos, o que na Igreja nem sempre era possível devido especialmente ao Padroado. Alguns, inclusive, "se candidatavam para as Assembleias e a Câmara, a fim de defenderem as novas ideias ou mesmo para repelirem ataques injustos à instituição religiosa.

Havia Padres naturais da Província do Rio Grande que estudaram e ordenaram-se no Rio de Janeiro ou em São Paulo, além de outros que eram de diferentes províncias e países. Muitos participaram ativamente na Revolução Farroupilha, fazendo com que ocorresse uma separação entre a Igreja do Rio Grande do Sul e o Bispado do Rio de Janeiro (1833-40). Neste período, Bento Gonçalves nomeou como Vigário Apostólico o Pe. Francisco de Chagas Martins de Ávila e Sousa, que teve a função de nomear párocos, curas e coadjutores. Os Sacramentos eram solicitados ao Vigário Apostólico da República Oriental do Uruguai, Pe. Damaso Larranaga.

Alguns desses sacerdotes foram: Pe. Juliano de Faria Lobato, primo-irmão de Bento Gonçalves; eleito em 1835 Deputado e segundo secretário do Conselho Geral da Província, foi sócio fundador do Gabinete de Leitura O Continentino; Pe. José Antônio Caldas, alagoano, Doutor em Direito pela Universidade de Buenos Aires, atuou na Confederação do Equador, era Maçom e junto com o Pe. Juliano foram redatores do Jornal ***O Compilador;*** Pe. Hildebrando de Freitas Pedrosa nasceu no Rio Grande do Sul; eleito Deputado à Assembleia Geral Legislativa da República Rio-Grandense reunida em Alegrete, foi autor, segundo Arlindo Rubert, do brasão de armas da República Rio-Grandense; Pe. Francisco das Chagas Martins Ávila e Sousa, Maçom, Deputado na Assembleia Legislativa, Vigário Apostólico da República, Deputado na Assembleia Legislativa Republicana de Alegrete (1842) e Ministro e Secretário de Estado dos Negócios do Exterior, participou da assinatura do acordo de paz de Ponche Verde; Pe. João de Santa Bárbara, em 1822, elegeu-se Deputado às Cortes de Lisboa, muito influenciou como professor na formação da liderança política local e foi Deputado nas Regências; Pe. Antônio Pereira Ribeiro, mineiro, preso em 1823 por críticas ao governo central, foi Deputado no Parlamento do Rio de Janeiro; Pe. Manuel de Oliveira Libório, paulista, foi cura de Santa Maria; Pe. Francisco Gonçalves Pacheco, paulista e cura de Cruz Alta; Pe. José de Medeiros Pereira, paulista; Pe. João Vaz de Almeida, também paulista e pároco de São Martinho. Alguns eram de origem portuguesa ou açoriana: Pe. Inácio Francisco Xavier dos Santos, Pe. Marcelino Lopes Falcão, Pe. Antônio Homem de Oliveira, Pe. Miguel Justino Garcês Moncada. Outros eram castelhanos: Pe. José de Sevilha Vasquez, João Rosa Escobar e Pe. Isidoro Gonzalez.

O Pe. José Antônio Caldas, segundo Walter Spalding, influenciou na proclamação da República Rio-Grandense, em 1836, "como doutrinador que foi dos companheiros de Antônio de Souza Neto"...

Este sacerdote foi membro do Apostolado, possuindo o cognome de Codros II. Preso na fortaleza de Santa Cruz, fugiu com o auxílio de seus "Irmãos", exilando-se em Buenos Aires. Nesta Província colou grau de Doutor em Direito em 8 de junho de 1828, na Faculdade Maior de Jurisprudência de Buenos Aires. "Foi aluno de Antonio Sáenz. Depois de refugiar-se nas Províncias argentinas e no Uruguai, exerceu o cargo de vigário do exército de Lavalleja, tendo participado de sociedades secretas no Uruguai (Caballeros Orientales) e no Rio Grande do Sul (a Sociedade Continentino, da qual participava Bento Gonçalves da Silva)."

No Brasil, também, os movimentos liberais e/ou emancipacionistas, em sua maioria, tiveram na Maçonaria seu núcleo formador. Como exemplo temos a Inconfidência Mineira (1789), a Conjuração Baiana (1798), a Conjuração do Rio de Janeiro (1794), a Conspiração de Suassuna (1801), a Revolução Pernambucana (1817), a Confederação do Equador (1824).

Na Confederação do Equador, por exemplo, ocorreu uma ação conjunta do clero e da Maçonaria, sendo, em alguns casos, a mesma pessoa tanto Padre como Maçom, como aconteceu com Pe. José Antônio Caldas e Frei Caneca. Este movimento caracterizou-se pelo questionamento da centralização do Império brasileiro, onde o Estado nacional se organizava a partir de um projeto político unitário e centralista, comandado pela elite do Rio de Janeiro e São Paulo.

Esta realidade provocou a revolta da elite nordestina, que produzia cerca de 68% da renda nacional, em defesa de um projeto federalista para o Estado brasileiro. Assim, buscava no Direito das Gentes o fundamento legal e filosófico para justificar o movimento e os seus ideais: "Uma província não tinha o direito de obrigar outra província a coisa alguma, por menor que fosse; nem província alguma, por mais pequena e fraca, carregava o dever de obedecer a outra qualquer por maior e mais potentada."

Nota-se neste discurso de Frei Caneca a leitura de Grócio e de Von Vattel e implicitamente o surgimento da questão da soberania das províncias com a defesa da não interferência externa e de direitos iguais. Assim, este texto vem demonstrar a ocorrência de uma luta entre elites e/ou entre interesses provinciais, isto é, regionais. A luta pela hegemonia de uma província sobre outra, ou sobre as demais províncias, teve como objetivo a organização do Estado nacional a partir de um projeto político vinculado a interesses regionais. Fato ocorrido em toda a América Latina, apesar de suas peculiaridades regionais ou locais.

As regiões de fronteira e portuária foram pontos-chaves para a entrada, a penetração e a distribuição dessas informações, ideias e organização. Neste sentido, o espaço fronteiriço platino se impôs como um espaço qualificado e estratégico, para a atuação dos sacerdotes e/ou da Maçonaria. Relações de amizade uniram, por exemplo, Bento Gonçalves da Silva e Lavalleja; Lavalleja e Pe. Caldas; Pe. Larranaga e Bento Gonçalves.

Esses dados vêm, por conseguinte, contrapor-se a algumas afirmações feitas por Roberti Di Stefano, quando afirma a não participação ou atuação efetiva de sacerdotes em questões políticas, nas primeiras décadas do século XIX, na região de Buenos Aires. Seu estudo ficou centrado na questão do recrutamento do clero secular no Rio da Prata, demonstrando a dificuldade, apesar da abundância de sacerdotes, em nomeá-los para trabalhos em paróquias rurais e pobres do interior.

Fonte:
Décio FREITAS. Farrapos: uma rebelião federalista. In: *A Revolução Farroupilha.* Porto Alegre: Mercado Aberto, 1985. p.113.
História de la Iglesia en Argentina: siglo XIX. Tese de Doutorado. Universidade de Bologna, 1999.

∴

O Espírito Tradicional da Maçonaria

Vitor Manuel Adrião
Fernando Pessoa, poema *São João*

Se és Maçom, sou muito mais que Maçom – eu sou Templário!

Quando se fala em Maçonaria atualmente, o mundo profano, leigo e laico pensa de imediato numa agremiação semissecreta de politólogos e intelectuais quase exclusivamente preocupados e

inconformados com algum e todo o sistema socioeconômico que não seja exclusivamente o seu. Na perspectiva restrita da visão profana, aliás sendo a única dos inimigos da Ordem Maçônica, inclusive por parte de certos sectores religiosos, ainda assim isso é relativamente verdade, e verdade porque:

a) A Maçonaria ao deixar de ser Operativa, a partir dos inícios do século XVIII (24.06.1717), foi invadida por elementos humanos aburguesados cuja maioria não possuía a mínima qualificação espiritual, verdadeiramente iniciática, que viriam a transformá-la numa sociedade especulativa, teórica e simbólica.

b) Isso aumentou no século XIX e cimentou-se no século XX, razão porque hoje poucos Maçons, sendo os muitos uma "casca sem fruto", sabem realmente o que seja a Maçonaria Iniciática e qual foi o seu Passado glorioso cujas Luzes a esse iluminaram.

Nisso se baseiam os inimigos, abertos ou velados, da Maçonaria, obviamente nada sabendo do que ela seja realmente, sendo fato incontestável que a maioria dos detratores nunca pisou o chão de uma Loja maçônica, consequentemente, nada sabe do que seja efetivamente o Espírito Tradicional Maçônico, com o seu complexo sistema de Símbolos e emblemas repartidos ao longo de 33 Graus (no Rito Escocês Antigo e Aceito) e que vem a constituir o seu *corpus* doutrinário efetivo, interpretado segundo a capacidade moral e intelectual de cada Maçom.

As raízes iniciáticas da Maçonaria valem infinitamente mais que as suas aparências mundanas de hoje e perpassam a toda linha todo e qualquer conceito e preconceito de ela ser mera "agremiação de políticos ambiciosos e intelectuais especuladores, sem mais e nenhuma valia tradicional ou espiritual". Essas raízes assentam nos primitivos Templos do Egito e da Índia, chegando mesmo aos tempos da longínqua Atlântida. Nessas épocas de fausto espiritual houve verdadeiras Confrarias Iniciáticas cujos partícipes conheciam os segredos do Espírito e da Matéria, e, como *grandes construtores*, a eles se devem os suntuosos templos, palácios e castelos moldados segundo os arquétipos da Beleza Universal, os quais se espalham pelo mundo recuando à veneranda Antiguidade perdendo-se na poeira dos tempos.

Maçonaria é, pois, a Bela Arte de fazer cantar a pedra e soerguer madeiros no alevantamento do Templo do Eterno Deus Vivo, Único e Verdadeiro, reflexo do Templo de Luz ou Jerusalém Celeste que é a Alma aprimorada de cada Obreiro, e tal vai ao encontro do próprio significado etimológico de *Maçonaria* que, em sua essência última, é *Maha-Sun*, a *Grande Luz*.

A função psicossocial da Maçonaria Especulativa, motivo principal da sua fundação no século XVIII, era a de laborar pela regeneração mental e moral do Gênero Humano ensinando-o a lapidar a *Pedra Bruta* da sua personalidade mortal na *Pedra Cúbica* da sua individualidade imortal, indo assim lançar as sementes no terreno social capazes de frutificarem como uma Sociedade Humana mais Justa e Perfeita que a atual. Isso em conformidade aos ensinamentos promanados da Igreja, ou melhor, do Templo, dessa maneira tendo o Poder Temporal vassalando a Autoridade Espiritual, sendo essa a razão objetiva da Maçonaria também ser designada *Arte Real* antes de 27.12.1774, quando o Grande Oriente de França lhe alterou o nome para *Franco-Maçonaria*.

> *A Maçonaria era simplesmente, em sua origem, um Gnosticismo arcaico ou um Cristianismo esotérico primitivo.*

Ora a Cristandade medieval possuía como depositária do seu Espírito Tradicional a *Ordem dos Cavaleiros Pobres de Cristo e do Templo de Salomão*, vulgo *Ordem dos Templários* (1118-1312), que apadrinhou e protegeu a *Maçonaria Operativa* dos *Monges-Construtores* (a maioria da Ordem de São Bernardo de Claraval), estes que deixaram à posteridade o seu legado espiritual talhado na pedra muda e esfíngica das grandes Catedrais românicas e góticas. Dos *Monges-Construtores* saíram os *Mestres-Canteiros* e mesmo os *Rosa-Cruzes* no início do século XIV, os quais perduraram brilhantemente até ao final do século XVII, surgindo no segundo decênio da centúria seguinte (1717), já devidamente organizada, a *Maçonaria Especulativa*, cujas bases filosóficas originais eram sobretudo *teúrgicas e alquímicas*, *gnósticas e cabalísticas*, como se irá verificar mais adiante, sendo essa a herança tradicional das suas antecessoras.

Ainda este ano (2010) tive oportunidade de responder numa carta pessoal o seguinte que vem ao encontro deste tema:

> *Os primitivos Monges-Construtores tendo recolhido nas fontes gregas neo-pitagóricas os saberes tradicionais da geometria e aritmética que aplicaram na geomância indo resultar na chamada arquitetura sagrada que caracteriza a feitura e disposição canônica dos grandes monumentos do românico e do gótico, assim como a orientação de palácios e castelos e a própria disposição geomântica dos burgos medievais o que se acha conformado aos princípios geomânticos das* ***leis****, estabelecendo as normas para a inter-relação entre o Visível e o Invisível, o Mundo Humano e o Espiritual, dizia, todos esses conhecimentos teóricos e práticos faziam parte do* ***corpus*** *primitivo da chamada*

Maçonaria Operativa dos ditos Monges-Construtores, que não se chamava "Maçonaria" (termo francês tardio exportado para o inglês) mas "Arte Real", sobretudo por esses religiosos eruditos estarem aos serviços das Coroas, apesar de isentados da chancela das mesmas que se limitavam a proteger política e juridicamente esses vassalos do Papa chefe supremo da Igreja a que pertenciam. Isto como fato objetivo indesmentível, mas que não é a única explicação. Arte Real é também nome dado à Alquimia como Suprema Arte cuja realeza estava em saber marear os elementos e fazer cantar a pedra com que se ergueram templos e castelos a partir da fundamental...

"A Ordem do Templo foi instituída no ano de 1118 por Hugo de Payens e Godofredo de Saint-Omer com o propósito aparente de proteger os peregrinos a Jerusalém, porém, com o verdadeiro objetivo de restaurar o primitivo Culto Secreto." Teocletes, sumo-sacerdote dos nazarenos joanitas, instruiu Hugo de Payens na verdadeira história de Jesus e do Cristianismo primitivo, e posteriormente outros dignitários da mesma Confraria iniciaram-no nos seus Mistérios. O seu desígnio oculto era ***libertar o Pensamento e restaurar a Religião Única e Universal.*** *Por princípio faziam votos de pobreza, castidade e obediência, de modo que foram os verdadeiros discípulos do Baptista. Tal é a verdadeira e tradicional versão cabalística.*

"É um erro crer que a Ordem dos Templários não se declarou contra o dogma católico até aos seus últimos tempos, pois desde o princípio foi herética no sentido que a Igreja dá a esta palavra." A cruz vermelha sobre o manto branco simbolizava, como entre os Iniciados dos demais países, os quatro pontos cardeais do Universo. Quando mais tarde a Ordem tomou o caráter de Loja e começaram as perseguições, os Templários tiveram de reunir-se muito secretamente nas Salas Capitulares, e para maior segurança nas grutas situadas nos bosques, com a finalidade de praticar as cerimônias próprias da sua Instituição, enquanto nas capelas públicas celebravam o culto católico.

Quanto aos modernos cavaleiros templários e às Lojas maçônicas que pretendem descender diretamente da antiga Ordem do Templo, não possuem nem nunca possuíram nenhum segredo perigoso para a Igreja, cuja perseguição contra eles teve desde o início ***aparências de farsa****, pois, segundo disse Findel, os Graus escoceses, ou seja, a ordenação templária, data tão só dos anos de 1735 a 1740, e* ***seguindo as suas tendências católicas, estabeleceram a sua residência principal no colégio dos jesuítas de Clermont, em Paris****, pelo que se lhe denominou rito de Clermont.*

∴

Maçonaria é uma Confraria Espiritualista

Sobretudo quero, isso sim, demonstrar que em seu Espírito Tradicional, uma Via de realização individual e coletiva para quem a percorre, e nunca, *jamais*, alguma espécie de "clube de conjurados" ou coisa do gênero que alguns vêm se esforçando por demonstrar à luz dos seus preceitos e preconceitos pessoais, assim mesmo provando desconhecer inteiramente o lado interno da Vida, particularmente da Vida da Maçonaria e até da Igreja. Que este estudo, escrito por quem já provou da Iniciação Verdadeira, possa servir para abrir-lhes a consciência para estados mais amplos da existência, nem que seja inicialmente só como mera hipótese teórica que se queira descartar a seguir.

A negação de algo que não existe torna o mesmo existente, por ser objetivo positivo apesar de negado... Ademais, é bom que se saiba, os desvarios cometidos pela Personalidade humana raramente afetam a Individualidade espiritual. Podem gerar, e geram, Karma, mas só para a Personalidade, assim enleada na constante dolorosa das vidas sucessivas. A Iniciação Verdadeira, vivida em permanência mental, coracional e física, ou seja, com cultura, com caráter ou moral e com firme vontade, é que liberta o homem dos grilhões da matéria e faz dele um verdadeiro Iniciado investido do Poder do Supremo Arquiteto.

∴

Maçons e Maçonaria

AINDA SOBRE PADRES, FRADES E MAÇONARIA

Em suas constantes preocupações com o mundo e com o homem, o filósofo grego Heráclito de Éfesos [540-470 a.C.], por muitos considerado "*o mais eminente e o mais obscuro*" pensador pré-socrático, formulou com vigor o problema da pluralidade e mutabilidade das coisas particulares e transitórias. Em suas reflexões comparou "*as coisas com a corrente de um rio*", no qual não se pode entrar duas vezes. Heráclito, com muita propriedade, disse que "*tudo flui, nada persiste, nem permanece*", firmando o entendimento de que o ser e o nada são o mesmo e que a essência de todas as coisas é a mudança: "*só o devir das coisas é permanente, no sentido de que as coisas não têm realidade senão justamente no perene devir*". A física quântica atesta essa realidade hoje. Tomando como ponto de partida o princípio de que tudo é movimento e que nada permanece estático, como no exemplo de que **não podemos entrar duas vezes no mesmo rio, seja porque, ao entrarmos uma segunda vez, não serão as mesmas águas que estarão lá, ou porque não seremos mais os mesmos, por estarmos todos em permanente processo de mudança interior e exterior. Assim, o "*panta rhei*" ou "*tudo flui*" de Heráclito, se trazido aos nossos dias e aplicado à Maçonaria e aos Maçons, vai apontar que a Ordem e os Maçons de hoje não são os mesmos de ontem, nem serão os mesmos de amanhã.**

E poderá se perguntar o leitor: Mas como? Qual a associação que se pode fazer do pensamento de Heráclito à Maçonaria e aos Maçons? Resposta: precisamente porque a repetição de um mesmo som não é harmonia – da harmonia fazem parte os diferentes sons – na Maçonaria e dos Maçons nada é o mesmo, ainda que possam parecer ante nossos sentidos iguais em si mesmos. Para Heráclito, em ser e não ser reside a identidade das coisas, e assim cada coisa é o outro do outro enquanto outro.

Este é o grande princípio de Heráclito que se pode aplicar aos Maçons e à Maçonaria, desde que se queira entender que a realidade acontece com a mudança e que tudo flui como um rio. Ademais, a realidade – o espaço ou o universo no qual vivemos e interagimos com o que nos cerca – é completamente subjetiva ou relativa. Sem pretender discutir os conceitos de "subjetivo" e "relativo", diria que tudo depende de um referencial. Para a Maçonaria e os Maçons, assim como para os Padres, Frades e Sacerdotes aqui referenciados, a realidade e alguns aspectos no espaço-tempo não podem possuir apenas uma forma ou interpretação, mas, sim, várias. Assim, o "*panta rhei*" de Heráclito continua válido e acima das opiniões ou noções que possamos ter sobre ele.

A Influência Maçônica

Em artigo anterior focalizamos a figura histórica de Frei Joaquim do Amor Divino Caneca, o Frei Liberdade. Neste, voltarei a focalizar Padres, Frades e Sacerdotes Maçons, para destacar, em rápidas palavras, os nomes de Frei Cometa, Padre Calvo, Padre Azevedo, e os Padres gaúchos Guilherme Pereira Dias e Bernardo de Andrade Pinto Brandão. E justifico: Primeiro, é preciso não deixá-los por mais tempo entregues aos arquivos de familiares, seleções literárias ocasionais e a registros inacessíveis ou meramente alusivos na memória individual de um ou outro Maçom, logradouros e ruas de cidades. Segundo, porque avalio que, como homens de iniciativa e decisão, atentaram para a solução de problemas sociais que marcaram as épocas em que viveram. Terceiro, por que encontraram no ideal maçônico os elementos propulsores para as ações que empreenderam. E, por fim, para incentivar a escrita e a divulgação dos seus pensamentos e feitos.

Com toda certeza, Frei Cometa, Padre Calvo, Padre Azevedo, e os Padres gaúchos Guilherme Pereira Dias e Bernardo de Andrade Pinto Brandão não foram somente influenciados pelo pensamento dialético de Heráclito, que pôs o foco da sua atenção na pluralidade das coisas, no que flui, ou no idealismo de René Descartes [1596-1650] e nas ideias positivistas de August Comte [1798-1857], ou porque refletiam as ideias e pensamentos do Frade Arruda Câmara, Frei Caneca, Frei Sampaio, Frei Joaquim de Monte Carmelo, do Monsenhor Muniz Tavares, do Cura Hidalgo, ou dos Padres: Roma, Rolim, Feijó, Miguelinho e João Ribeiro, dentre uma plêiade de outros nomes que não se faz necessário enumerar agora, mas por assentarem suas convicções políticas e ideológicas na Maçonaria e em suas próprias razões de serem Maçons.

A construção do pensamento e ideologia maçônica já não era algo recente no início e meados do século XIX, ou por se tratar de conhecimentos e experiências vivificadas nos embates marcantes dos séculos que lhes antecederam, ou por terem corrido o mundo nas páginas dos livros e na voz dos seus propagadores. Aqui vamos tecer breve referência ao pensamento iluminista e a duas de suas variantes: o positivismo e o idealismo. Ficamos, por óbvio, rendidos às críticas pelas omissões que refugirem à realidade desta nossa escolha e ponto de vista.

As "luzes" ou "esclarecimento" intelectual que enfatizou a razão e a ciência com formas de explicar o universo defendeu a valorização do homem, induzindo-o a pensar por si mesmo e a não se deixar levar por outras ideologias que, apesar de não concordar, era forçado a seguir. O Iluminismo, que marcou o século XVIII e seguintes, acenou com uma sociedade livre e pregou a possibilidade de ascese social e de maiores e melhores oportunidades para todos. E não foi sem razão que o pensamento iluminista foi mais forte e influente onde a presença da Religião Católica era menos intensa e esteve, por fim, estritamente relacionada à Revolução Francesa, à Independência Americana, à Unificação Italiana e ao Processo Emancipatório verificado em toda a América Latina, e em particular à Maçonaria e aos Maçons em todas as épocas e países.

Ponto a ponto, o idealismo tal qual o conhecemos hoje, teve suas origens a partir da revolução filosófica iniciada por Descartes e seu *cogito ergo sun* [Penso, logo Existo]. Na filosofia idealista, o postulado básico é que *Eu sou Eu*, no sentido de que o Eu é objeto para mim [Eu]. Ou seja, a velha oposição entre sujeito e objeto se revela no idealismo como incidente no interior do próprio eu, uma vez que o próprio Eu é o objeto para o sujeito [Eu]. Assim, podemos considerar o primado do EU subjetivo como central em todo idealismo, o que não significa necessariamente reduzir a realidade ao pensamento, ou que Descartes não possa ter razão na atualidade.

Sobre o positivismo, cujas raízes podem ser encontradas na antiguidade como uma tendência dentro do idealismo filosófico ou do idealismo subjetivo de Heráclito, se apresentou com Comte como sendo uma doutrina altruística, científica e industrial que propunha à existência humana valores completamente humanos, afastada radicalmente da teologia ou metafísica, e voltada para o incremento do progresso, do bem-estar social, moral, intelectual e material de todas as sociedades humanas. O positivismo representou uma reação ao apriorismo, ao formalismo e ao idealismo, passando a exigir maior respeito para a experiência e para os dados e informações positivas. Na obra "*Apelo aos Conservadores*" [1855], Comte definiu a palavra "positivo" com sete acepções: real, útil, certo, preciso, relativo, orgânico e simpático.

No mundo como um todo, a partir do século XVIII ao início do século XX, o idealismo e o positivismo influenciaram homens como Francis Bacon; Benjamim Constant; Bertrand Russell; Cândido Rondon; Émile Durkheim; Euclides da Cunha; Johann Gottlieb Fichte; Fustel de Coulanges; Hans Kelsen; Hegel; Herbert Spencer; Hobbes; David Hume; John Dewey; Immanuel Kant; Karl Popper;

John Locke; Nísia Floresta; Ribort; Schelling; Silvio Romeiro; Schleiermacher; Schopenhauer; Stuart Mill; Tobias Barreto, e muitos outros, no Velho e no Novo Mundo.

No Brasil, a presença do idealismo associado às teses do liberalismo maçônico e a intelectuais positivistas revelou-se no início do século XIX e se fez presente nos movimentos pela Independência, na oposição ao Poder Imperial, e essencialmente, nas chamadas "questões" religiosa, militar, abolicionista e republicana, exercendo forte contraponto nos primeiros trinta anos da República. Na América Latina, foi fonte de inspiração e serviu de esteio para o nascente movimento revolucionário libertador e maçônico.

Neste contexto, a essência da liberdade humana ante os desmandos do Estado Autoritário e Imperialista, e da Religião Todo-Poderosa, entrou em choque com as concepções filosóficas e dualistas [o homem é uma dualidade corpo-espírito] de René Descartes, aliado ao pensamento positivista de Comte e ao *panta rhei* de Heráclito, gerando, em seu cerne, uma corrente e um ser intelectual capaz de se opor, a seu modo e em cada época, aos desmandos do autoritarismo e, ao mesmo tempo, pretendendo transformar o estado de coisas à sua volta. E neste contexto insere-se Frei Cometa, Padre Calvo, Padre Azevedo, e os Padres gaúchos Guilherme Pereira Dias e Bernardo de Andrade Pinto Brandão, a quem rendo toscas, mas sinceras homenagens.

O Padre Franciscano Frei João Capistrano de Mendonça, o Frei Cometa, lutou ao lado dos Padres pernambucanos e depois se transferiu para o sul do país, onde passou a exercer saudável influência no processo de independência do Paraguai, Uruguai e Argentina. O Padre Calvo, peruano, Grau 33, fundou o primeiro Supremo Conselho da América Central [1871], com sede em São José da Costa Rica. Sendo reconhecido como o Pai da Maçonaria na América Central. Criou e professou na Universidade Nacional de Santo Tomás, compartilhando horários com o Ministro José Mara Castro Madriz e o reitor presbítero Juan de los Santos Madriz. O

Padre Azevedo [1814-1880], nas sábias palavras do Irmão Evanilton Miguel Lima, MM da A∴ R∴ L∴ S∴ "Loja Padre Azevedo", sediada em João Pessoa, nasceu paraibano e atendia pelo nome de Francisco João de Azevedo. Estudou no Seminário de Olinda, onde se ordenou Padre [1838], transmutando-se em seguida para João Pessoa [então Província do Pará] onde exerceu seu mister. Foi compositor de músicas clássicas; professor de matemática; inventor da máquina taquigráfica, veículo anfíbio movido pela força das ondas, veículo terrestre sem qualquer motor e movido pelas correntes aéreas, armas, aparelhos e equipamentos militares, inclusive, um sistema de gravação em aço. A Máquina de Escrever ou Máquina de Datilografia foi o seu invento revolucionário. Por fim, gostaria de render pleito aos Padres gaúchos: Antônio Gomes Correia do Vale, da Loja "Harmonia Universal", de Alegrete; Joaquim Veríssimo dos Anjos, Domingos Hipólito e Leonardo Felipe Fortunato, da Loja "Rocha Negra", de São Gabriel; Bernardo de Andrade Pinto Brandão, da Loja "Humanidade" de Palmeira das Missões, Henrique Gauss, da Loja "Estrela" de Santo Ângelo, e a Guilherme Pereira Dias [de uma Loja de Pelotas], por seu pioneirismo maçônico em Terras do Rio Grande do Sul.

Conclusão

O papel de inúmeros Frades, Padres e Sacerdotes que absorveram a filosofia maçônica consagrou uma visão futurista a respeito de muitas coisas, sobretudo quanto ao próprio poder eclesiástico e do Estado, disponibilizando-se para a ação pessoal e maçônica em benefício da sociedade. Eles não souberam ou não quiseram ficar estáticos. E são, por isso, detentores de "Comendas" material e espiritual diferenciadas neste articulado.

Como bem disse a senhora Trân-Thi-Kim-Diêu [Presidenta da Federação das Sociedades Teosóficas da Europa] em artigo publicado na Revista Theo Sophia [Abril/Maio/Junho 2004], embora em contexto diferente, se presta aos nossos propósitos: "*Todo aquele que entende algo de si e do Universo em que vive, pode aceitar o ideal de que está no caminho para algo maior*".

Outras palavras não me ocorrem para declarar que os Padres, Frades e Sacerdotes aqui e outrora referenciados foram verdadeiros servidores da Maçonaria, da Sociedade e por que não dizer: Reais Servidores da Raça Humana.

Luiz Gonzaga Rocha
Sáb., 03 de julho de 2010 14:35
Helio P. Leite
03.07.2010

∴

O Futuro das Religiões

TEMAS POLÊMICOS

As religiões sempre foram muito importantes para toda a humanidade, porque sempre tivemos necessidade de receitas ou de fórmulas para alcançar Deus, em função de nossos níveis de consciência. Mas o homem tem evoluído e sua forma de ver o Divino também.

Nos dias de hoje, percebemos que o indivíduo moderno, na maioria das religiões, não consegue explicar com esclarecimento, sensatez e sobriedade, questões como, por exemplo: De onde viemos? Para onde vamos? Quem somos? Qual a nossa missão? Por que sou brasileiro e não jamaicano? Por que sou filho desse pai? Por que sou filho daquela mãe? Por que a pessoa morre? O que é a morte? O que é o espírito? Como posso transformar a minha realidade de vida? Por que tenho essa realidade de vida? Por que fico doente?

E todas essas são algumas das poucas perguntas que não podem ser respondidas de forma alguma coesa pela maioria das religiões do mundo.

Mas essa não é a única limitação! Muitas pessoas não suportam falar de Deus porque associam este termo às insanidades ocorrentes no planeta em que as pessoas comuns se mutilam, fazem guerra, tudo para defender seus pontos de vista religioso. Chega de tanta ignorância e alienação! O homem precisa sair dessa hipnose insana em que vive quando o assunto é a sua essência divina. Temos que aprender que somos de natureza espiritual, entendendo as implicações em que isso resulta.

Não foram os Grandes Mestres que criaram as religiões; foram os homens comuns! Suas ideias e lições amorosas sempre foram voltadas à prática de um estilo de vida orientando a evolução do espírito, sempre de forma leve e bondosa, respeitando, perdoando e amando.

Não existe esse Deus que castiga ou um demônio que investe nas almas pecadoras, mas um universo que responde energicamente a tudo que fazemos. As religiões foram realmente importantes até os tempos mais recentes na história evolutiva da humanidade, só que precisava encerrar seus ciclos que, diga-se de passagem, são dignos de aplausos (é claro que isso demanda de pouco tempo). Só que agora, não mais comportam as necessidades e anseios que transbordam do coração das pessoas.

Se elas continuarem assim como estão nos dias de hoje, acabarão por escravizar, tolher e atrapalhar a evolução de seus fiéis, que, por sua vez, não devem ser fiéis de linhas religiosas, mas a um estilo angelical de vida.

A conduta moral não deve apenas as escrituras, mas principalmente a princípios de bondade, equilíbrio e amor ao próximo como a si mesmo.

Não existe fórmulas ou métodos perfeitos, não somos capazes de expressar em palavras faladas ou escritas, a divindade universal. Qualquer tentativa, mesmo bem intencionada, ainda que crivada de sabedoria, mesmo assim seria um modelo rústico diante da grandeza da mente divina e do grande Espírito que rege este universo incrível.

"O Futuro de Deus, a Quem Pertence"?

O cristianismo é a maior religião do mundo e continua crescendo, mas será superado pelo Islamismo ainda neste século. O século XXI começou com larga vantagem para o Deus do cristianismo sobre os demais. De acordo com o grupo canadense "Religious Tolerance", os cristãos correspondem a exatos 33% da população mundial em 2001 (ano do último levantamento). Depois vinham os muçulmanos (19,6%), seguidos pelos Indus (13,4%). Sem religião (12,7%), adeptos de religiões tradicionais chinesas (6,4%), Sikhs (4%), ateus (2,5%) e judeus (0,2%).

Mas daqui a 100 anos o que será de Deus na terra? As pesquisas mais recentes mostram que o número de cristãos está crescendo – eram 2 bilhões em 2002 contra 558 milhões em 1900, mas sua proporção caiu de 34,5% para 32% nesse mesmo período. Avançando a uma taxa de 2,6% anuais (semelhante à média de crescimento da população mundial), o cristianismo será ultrapassado ainda neste século pelo islamismo, que soma hoje 1,2 bilhão de adeptos e cresce na média de 3% ao ano. Em breve ALÁ será o Deus mais popular do planeta.

Tsunami na Europa

Fato: o cristianismo deixou de ser uma religião de brancos europeus. Hoje, mais da metade de seus seguidores são negros de origem africana.

"Na Nigéria, há 20 milhões de anglicanos praticantes. 20 vezes mais do que na Matriz da Igreja Anglicana, o Reino Unido", diz o historiador britânico Christopher Catherwor.

Metade dos jovens ingleses declara não ser adepta a nenhuma religião. Com exceção da Itália, Polônia e Irlanda, a situação é ainda pior no restante da Europa. Uma pesquisa publicada no jornal "El país," o mais importante da Espanha, indica que 46% dos espanhóis de 15 a 24 anos se consideram ateus, indiferentes ou agnósticos (incapazes de julgar se Deus existe ou não).

Eram apenas 22% em 1994. Além disso, 39% se dizem católicos não praticantes e apenas 10% praticantes. Para o sociólogo Juan Gonzales-Ânleo, um dos autores do estudo, a mudança foi motivada pela postura da igreja em tema como sexualidade, aborto e casamento gay.

O Islã, por outro lado, vem saindo de seus redutos. Muçulmanos estão vivendo sob governos não islâmicos pela primeira vez na história. Boa parte abraçou o pluralismo religioso, mas uma minoria reage de forma violenta, como demonstram os atentados terroristas de Madri, em 2004, e de Londres, em 2005.

Muitos sociólogos explicam a achatamento do cristianismo. Na Europa, com a teoria da secularização: "quanto mais moderna se torna uma sociedade, menos ela precisa de religiões". Mas essa tese não explica o que acontece nos EUA onde as pessoas continuam frequentando as igrejas.

O sociólogo Franz Hollinger, da Universidade de Gaz, na Austrália, tem outra hipótese: "A atitude que a população tem em relação à igreja depende do papel que ela teve na história do país".

Hollinger lembra que o clero europeu cristianizou muita gente e, historicamente, sempre esteve com os poderosos, apesar do discurso em favor dos pobres. Isso comprometeu – e ainda compromete até hoje – a imagem da igreja na Europa. Nos EUA, foi diferente: Os primeiros imigrantes foram perseguidos em sua terra natal pelas suas crenças e construíram um país onde a religião tem sido importante desde as bases da sociedade. Os presidentes americanos até costumam pontuar seus discursos com referência a Deus – basta escutar os de George Bush e Barack Obama.

E no Brasil, qual será o futuro de Deus? Ainda somos o país com o maior número de católicos do mundo – cerca de 40 milhões. Mas eles correspondiam a 95% da população em 1940. Sessenta anos depois, no ano de 2000, já eram 73,9%. No mesmo período, os evangélicos saltaram de 2,6% para 16% da população, e os sem religião de 0,2% para 7%. No Estado do Rio de Janeiro, apenas 56% se declaram católicos. Os dados são da pesquisa "Retrato das Religiões do Brasil", da Fundação Getúlio Vargas (FGV)

O estudo revela ainda que 9,4% entre 20 e 24 anos declaram não ter religião. E conclui que a perda de fiéis da Igreja católica está ligada às décadas de estagnação econômica que o país enfrenta. Não é por acaso, é forte a presença de evangélicos nas periferias. As Igrejas pentecostais muitas vezes preenchem carências do estado, oferecendo redes de proteção e chances de ascensão social.

Grupos católicos carismáticos vêm tentando a recuperação de seguidores no Brasil, mas o Vaticano não parece disposto a rever certas posições. O Papa Bento XVI declarou que salvar pessoas da homossexualidade é tão importante quanto proteger as florestas tropicais. Afirmações deste tipo talvez expliquem porque muita gente decide trocar livros de religião pelos de filosofia, para tentar encontrar um caminho para a paz interior por meio da razão.

Um exemplo deste fenômeno é o *Best seller* "Aprender a viver" (Editora objetiva) do filósofo francês Luc Errer. Para ele, a família é a única entidade sagrada da sociedade moderna – a única pela qual ainda arriscaria a própria vida. ***"No ocidente ninguém mais aceita morrer por um Deus, um país ou um ideal"***, declarou o filósofo recentemente à Revista "VEJA". Há extremista no Islã. Há gente na Chechênia disposta a morrer pela nação, mas garanto que não há ninguém com essa ideia na França ou nos EUA.

"Fonte: O GLOBO"

∴

Guerras de Religião?

Com o fim da Era dos Extremos e das Torres Gêmeas, postas de pé, eis-nos diante de um novo pluralismo. O mapa-múndi das religiões assiste a uma espécie de mutação transgênica.

Los Angeles é uma das maiores cidade budistas. O catolicismo cresce de modo vertiginoso na Ásia. A Inglaterra deve igualar em breve o número de muçulmanos e anglicanos, ao passo que o hinduísmo e o judaísmo realizam um conjunto de aproximação e trocas simbólicas.

O estrangeiro bate à nossa porta. Não há outro caminho senão o diálogo: na energia crescente, no vínculo de relação que o constitui. O diálogo é um tesouro precioso, uma zona de aventura, espanto e inquietação.

O diálogo deve ser uma zona de passagem, um espaço potencial, uma cartografia inacabada a que aderem as partes, ciosas de sua identidade, convidadas a pensarem sob uma nova luz. Sem proselitismo.

Não para reduzir o outro, não para convencê-lo de que está errado, mas para aprender com ele, num caminho novo. O diálogo é um ponto de luz, uma porta de saída para tornar-se um gesto solidário.

E o centro do diálogo reside na acolhida, na beleza do rosto que contemplo, no olhar do outro que me indaga e me convida a mover os lábios. Penso no teólogo iraniano Saeid Edalat, quando atribui a Jesus uma santidade incomparável, como reza a tradição muçulmana, de que se afastam os extremistas do Boko Haram, na Nigéria, e do assim chamado Estado Islâmico. Penso no monge cristão Henri le Saux, que foi buscar no hinduísmo um profundo manancial de sabedoria, buscando a nascente do Ganges. Gosto de pensar no Dalai Lama, quando acolhe um repertório de elementos caros ao mundo judaico. Ou quando Eugenio Scalfari, editor do jornal italiano “La República”, conversa, encantado, com o Papa Francisco, sem renunciar um só milímetro de seu ateísmo.

Em todos esses casos, o diálogo encarna a virtude maior entre as culturas: a hospitalidade. Pois é preciso abrir as portas da casa, oferecer ao hóspede o quarto mais arejado e luminoso. O diálogo nasce entre dois rostos, entre duas casas, entre duas tradições. E contribui para uma cultura da paz, promove as condições ideais para um ambiente aberto e seguro. Não há fórmula ou estratégia anterior ao diálogo. Antes dele, não existe nada. Depois dele, tudo começa a tomar forma ou destino.

Penso todas essas coisas como se estivesse falando, nesta primeira semana de dezembro (2014), com meu saudoso amigo Luiz Paulo Horta, porque o diálogo entre vivos e mortos não desaparece. Ao contrário: é como se o silêncio adquirisse uma nova e estranha espessura. Seu último livro foi inteiramente dedicado ao Papa Francisco, poeta do diálogo, desde a matriz do judaísmo até a floração do Islã. Para Luiz Paulo, Francisco seria talvez o símbolo de um mundo novo, que brota dos escombros do século XX. Uma pequena luz para formar uma constelação futura, nascida para o diálogo.

Marco Lucchesi
Jornal – O Globo 03/12/14 – pág. 17

∴

Capítulo IV

Dissidências, Acomodações e Assimilações

Os 33 Mandamentos da Maçonaria

Esse é um dos documentos muito popular disseminado entre aqueles interessados em ampliar seus conhecimentos maçônicos, encontrado em inúmeros sites de Lojas Maçônicas. Há de se destacar que ele não é único, porque a Maçonaria é múltipla e existem pequenas variações de Rito para Rito. A bem da verdade, os 33 Mandamentos da Maçonaria não são oficialmente adotados pela maioria das Potências Maçônicas e tampouco incluídos em seus estudos, pesquisas e literatura, mas este texto representa com grande fidelidade a forma de pensar e de se conduzir de milhares de Maçons no mundo, particularmente aqueles que seguem os preceitos do Rito Escocês Antigo e Aceito, que são a imensa maioria no Brasil.

1º – Adore o Grande Arquiteto do Universo;

2º – O verdadeiro culto que se pode tributar ao Grande Arquiteto do Universo consiste nas suas obras;

3º – Tenha sempre a tua alma em estado de pureza, para que possa aparecer de um momento para outro perante o G.·. A.·. D.·. U.·.;

4º – Não sejas fácil de encolerizar; a ira é sinal de fraqueza;
5º – Escute sempre a voz de tua consciência;
6º – Deteste a avareza, porque quem ama demasiado as riquezas, nenhum fruto tira delas, consistindo isso egoísmo;
7º – Na senda da honra e da justiça está a vida; o caminho extraviado conduz à morte espiritual;
8º – Faça o bem pelo próprio bem;
9º – Evite as questões, previna os insultos e procure sempre ter a razão do teu lado;
10º – Não se envergonhe do teu destino, pense que este não te desonra nem te desagrada; o modo como desempenhas tua missão é que enaltece; ou a mesquinha perante os homens;
11º – Lê e medite, observe e medita o que for bom; reflexiona e trabalhe; ocupa-se do bem-estar dos teus Irmãos e trabalharás para ti;
12º – Contente-se com tudo e com todos;
13º – Não julgues superficialmente as ações de teus Irmãos e não censura aereamente. O julgamento pertence ao Grande Arquiteto do Universo, porque só Ele pode sondar o coração das criaturas;
14º – Sê, entre os Profanos fracos, em rudeza, superior sem orgulho; humilde sem baixeza; e, entre os Irmãos, firme sem obstinação, severo sem inflexibilidade e submisso sem servilismo;
15º – Sê justo e valoroso, defenda o oprimido e proteja a inocência, não exaltando jamais os serviços prestados;
16º – Exato observar dos homens e das cousas, atenda unicamente ao mérito pessoal de cada um, seja qual for a camada social, posição e fortuna a que pertence;
17º – Se o Grande Arquiteto te der um filho, agradeça, mas cuide sempre do depósito que te confiou; Sê para essa criança a imagem da providência. Faça com que aos 12 anos tenha temor a ti, até os 20 te ame e até a morte te respeite.Até os

12 seja o teu mestre; até os 20, pai espiritual e até a morte teu amigo. Pense mais a lhe dar bons princípios do que belas maneiras; lembre-se que te deve retidão esclarecida e não frívola elegância. Esforça-te para que seja um homem honesto, avesso a qualquer astúcia;

18º – Ame a teu próximo como a ti mesmo;

19º – Não faça o mal, embora não espere o bem;

20º – Estime os bons; ame os fracos, atenda os maus e não ofenda a ninguém;

21º – Sê amigo dos aflitos; cada lamento que a tua dureza provocar são outras tantas maldições que cairão sobre a tua cabeça;

22º – Com o faminto, reparta o teu pão; ao pobre e ao forasteiro dê a tua hospitalidade;

23º – Dê de vestir aos nus, mesmo com prejuízo do teu conforto;

24º – Respeite o peregrino nacional ou estrangeiro e sempre;

25º – Não lisonjeie nunca o teu Irmão, pois isso corresponde a uma traição; se te lisonjearem, receie que te corrompam;

26º – Respeite a mulher; não abuse jamais da sua debilidade; defenda-lhe a inocência e a honra;

27º – Fale modernamente com os pequenos, prudentemente com os grandes, sinceramente com os teus iguais e amigos, docemente com os que sofrem, mas sempre de acordo com a sua consciência e princípios da sã moral;

28º – O Coração dos justos está onde se pratica a virtude e o dos tolos, onde se festeja a vaidade;

29º – Não prometa nunca sem a intenção de cumprir; ninguém é obrigado a prometer, mas prometendo é responsável;

30º – Dê sempre com satisfação, porque mais vale uma negativa delicada do que uma esmola que humilhe;

31º – Suporte tudo om resignação e tenha sempre confiança no futuro;

32º – Faça do teu corpo um Templo, teu coração um altar e o teu espírito um apóstolo do amor da verdade e da justiça;

33º – Concentre ao menos uma vez por dia todas as vibrações da tua alma no sentido de estares em contato com o Grande Arquiteto do Universo, que é DEUS.

∴

O Direito de Pensar

O Direito de Pensar, compatível com a Liberdade de Pensar, é o direito inalienável que tem todo indivíduo de manifestar as suas ideias, a sua opinião, por meio da palavra falada ou escrita, ou se utilizando jornais e/ou de livros. Assim o pensamento é restrito à pessoa. É o poder que o homem (ou mulher) tem de empregar suas faculdades mentais conforme suas aptidões com a finalidade de conseguir seus objetivos desde que respeite os limites estabelecidos em leis.

Simultaneamente, ao direito atribuído a cada um de governar sua própria pessoa, de exercer a atividade que lhe convier, o de locomover-se livremente, salvo nos casos previstos na lei e de obter proteção desta, quando legitimamente invocada, aos direitos de liberdade de consciência do direito à liberdade de expressão, da plenitude da liberdade de defesa; da liberdade de discutir, divergir, de argumentar, de recusar, de convencer pela palavra, de igualdade perante a lei, de ser julgado na forma das leis anteriores ao fato imputado; assim como de usar da palavra em qualquer circunstância, dentro das condições e nos limites estabelecidos em lei.

> ***Lembremo-nos as letras: L∴ D∴ P∴ (Liberdade de Passagem) que foram gravadas nas pilastras na Ponte de Gabara pelo personagem bíblico "Zorobabel" para significar a passagem para a liberdade, desde então...***

Em nosso país, teremos renovadas oportunidades de dar o grande passo para a consolidação da "Liberdade" e reestruturação da sociedade, consolidando a democracia, com a nossa presença participativa, elegendo legisladores e executivos, em todos os níveis, fiscalizando-os no exercício da cidadania, no curso de seus mandatos, para que, afinados com tais propósitos, realizem governo realmente voltados para os interesses do povo, denunciando-os quando se contrariem esses interesses.

∴

Laicismo

O lema (em *francês: Liberté, Égalité, Fraternité* e em português: *Liberdade, Igualdade, Fraternidade*) da República Francesa no tímpano de uma Igreja, em Aups (departamento de Var), que foi instalado após a lei francesa de 1905 sobre a separação do Estado e da Igreja. Tais inscrições em uma Igreja são muito raras; esta foi restaurada durante o bicentenário de 1989 da Revolução Francesa. ***Secularismo francês*** (em francês: *laïcité* – pronuncia-se [la.isite],em português: **laicismo**), diferente de anticlericalismo, apenas rejeita a influência da Igreja na esfera pública do Estado, pois considera que os assuntos religiosos só devem pertencer à esfera privada de cada indivíduo.

É um conceito que denota a ausência de envolvimento religioso em assuntos governamentais, bem como ausência de envolvimento do governo nos assuntos religiosos. O secularismo francês tem uma longa história, mas a legislação atual é baseada na lei francesa de 1905 sobre a separação das Igrejas e do Estado. Durante o século XX, ela evoluiu para significar igualdade de tratamento entre todas as religiões, embora uma interpretação mais restritiva do termo tem sido desenvolvida desde 2004.

Apesar de dicionários, ordinariamente, traduzir *laisité* como secularidade ou *laicidade* (sendo este último o sistema político), tais conceitos não devem ser confundidos: ***laicismo*** não se confunde com ***laicidade.***

Na sua aceitação estrita e oficial, é o princípio da separação entre Igreja (ou religião) e Estado. Etimologicamente, *laïcité* é um substantivo formado pela adição do sufixo *–ite* (português: *-dade*, latim *-itas*) ao adjetivo em latim *lāicus*, um empréstimo da palavra grega *λāϊκός* (*Laikos* "do povo", "leigo") e do adjetivo *λāός* (*laos* "povo").

A palavra **laico** é um adjetivo que significa uma atitude crítica e separadora da interferência da religião organizada na vida pública das sociedades contemporâneas.

Politicamente podemos dividir os países em duas categorias, os laicos e não laicos, em que nos países politicamente laicos a religião não interfere diretamente na política, como é o caso dos países ocidentais em geral. Países não laicos são *teocráticos*, e a religião tem papel ativo na política e até mesmo constituição, como é o caso de Israel, Irã e doVaticano, entre outros.

Esta corrente surge a partir dos abusos que foram cometidos pela intromissão de correntes religiosas na política das nações e nas Universidades pós-medievais. A afirmação de Max Weber de que "Deus é um tipo ideal criado pelo próprio homem" demonstra a ânsia por deixar de lado a forte influência religiosa percebida na Idade Média, em busca do fortalecimento de um Estado laico. O laicismo teve seu auge no fim do século XIX e no início do século XX.

Os valores primaciais do laicismo são a liberdade de consciência, a igualdade entre cidadãos em matéria religiosa e a origem humana e democraticamente estabelecida das leis do Estado.

No Brasil, o regime republicano e uma nova Constituição foi promulgada em 1891, rompendo os laços entre a Igreja e o Estado;

ideólogos republicanos, como Benjamin Constant e Rui Barbosa, foram influenciados pela laicidade da Maçonaria francesa.

A separação entre Igreja e Estado promulgada pela Constituição de 1891. A atual Constituição do Brasil, em vigor desde 1988, assegura o direito à liberdade religiosa individual de seus cidadãos, e proíbe o estabelecimento de Igrejas estatais e de qualquer relação de "dependência ou aliança" de autoridades com os líderes religiosos, com exceção de "colaboração de interesse público, definida por lei".

∴

Não Há Mais Proibição do Católico Ser Maçom

Discute-se se há incompatibilidade entre a Maçonaria e a Igreja Católica, e mais notadamente entre a Maçonaria e a Igreja Católica Apostólica Romana. A Maçonaria foi combatida ao longo dos anos pela I.C.A.R., não sendo desconhecido que havia um artigo na lei canônica que, prejulgando o que os Maçons fazem dentro de uma Loja, dizia que era proibido ao Católico ser Maçom, pois a Maçonaria se reuniria para conspirar contra o Governo e contra a Igreja e, como tal, não era acessível aos bons Católicos.

Em 1983, entrou em vigor novo Código Canônico e não há mais tal proibição, o que permite ao católico apostólico romano, sem qualquer sanção, pertencer à Maçonaria. Diga-se que aquela proibição nunca trouxe maior prejuízo à Maçonaria, nem no Brasil nem em qualquer outra parte do mundo, pois aqueles que, embora praticando de forma correta a sua religião, ingressavam ou ingressam na Maçonaria, visto que na Instituição Maçônica não se cuida de religiões, podendo-se afirmar, embora desgostando alguns, que a Maçonaria paira acima das religiões, não é uma religião, mas está acima das religiões, já que em nenhuma outra entidade se encontram tão juntos cristãos e não cristãos, e dentre os cristãos, pessoas de todas as denominações e subdivisões de religiões e ramificações de religiões.

∴

Bispo e Padres Participam de Reunião em Templos Maçônicos

A história da Igreja Católica traz alguns relatos que não condizem com suas realidades, pois nossas autoridades clericais seguem suas doutrinas de épocas remotas e na meditação transcendental filosófica não aceitam em seus quadros hierarquizados formado por leigos e pelo clero, que é constituído por "ministros sagrados que receberam o sacramento da Ordem", podendo estes dois grupos ter como membros pessoas consagradas – Papa; Cardeal; Arcebispo e Padres – para entrarem na Instituição Maçonaria. Hoje, em pleno século XXI, com o advento da informática descobrimos fatos que mostram que os tempos mudaram e narramos a quebra de alguns tabus: O Bispo Emérito da Diocese Itabira – Coronel Fabriciano – MG, Dom Lelis Lara, Consultor Jurídico da CNBB, foi o centro das atenções de um eclético e seleto público, quando proferiu inédita palestra sobre as relações entre a Igreja Católica e a Maçonaria, no Templo da Loja Maçônica "União de Ipatinga", no centro daquela cidade. O religioso palestrou a convite do Venerável Mestre da Loja União de Ipatinga, Ednaldo Amaral Pessoa, que tem como um dos pilares de sua gestão a realização de Sessões Públicas onde são realizadas palestras, abertas à comunidade, sobre temas diversos e de grande interesse de toda a sociedade, não apenas dos Maçons e seus familiares. Segundo Dom Lara, o Concílio Vaticano II (1963-1965) escancarou as portas e janelas da Igreja para o mundo, e que depois do Concílio o propósito da Igreja Católica é se aproximar de todas as pessoas do mundo, sem preconceito, sejam elas cristãs ou não.

E foi exatamente no espírito do Concílio Vaticano II que o

Bispo se inspirou para falar da relação entre a Igreja Católica e a Maçonaria.

Dom Lara disse que "quando se fala de Igreja e Maçonaria, muitas vezes se estabelece ou se imagina um confronto entre essas duas entidades, mas não deveria ser assim, porque católicos são cristãos e os Maçons também, senão todos, certamente grande parte. E Jesus, ao final de sua vida, deixou para os seus seguidores o testamento de que devemos amar uns aos outros. Mas, segundo o Bispo, esta palavra de Jesus não foi sempre bem entendida, e às vezes é entendida de acordo com a índole das pessoas, e as pessoas mais radicais muitas vezes ficam com o coração armado, na defensiva ou no ataque, quando, como filhos de Deus, deveriam viver como irmãos, com o coração desarmado, respeitando as diferenças.

Relação tensa – Ao discorrer sobre o relacionamento entre a Igreja e a Maçonaria, Dom Lara disse que

> *ao longo da história, aconteceu muita coisa que, infelizmente, devemos lamentar. As relações entre estas duas instituições foram tensas. Mas essas tensões não tinham a mesma intensidade em todas as regiões. Antes do Concílio Vaticano II o posicionamento da Igreja Católica em relação à Maçonaria era muito severo. O cânon 2335, do antigo Código de Direito Canônico, estabelecia excomunhão para quem ingressasse na Maçonaria ou em outras associações que maquinassem contra a Igreja ou autoridades civis legitimamente constituídas.*

No atual código de Direito Canônico esta penalidade não consta. Aliás, a palavra Maçonaria não é conhecida no atual código de Direito Canônico. O cânon 1374 desse Código penaliza o católico que ingressar em associação que maquina contra a Igreja. "Não se refere explicitamente à Maçonaria", enfatizou o religioso. Para Dom Lara, na Região Metropolitana do Vale do Aço as relações entre Igreja Católica e Maçonaria parecem tranquilas, e o Bispo Diocesano Dom Odilon Guimarães Moreira tem a mesma impressão.

Ele citou ainda dois acontecimentos recentes que definem bem a boa relação entre as duas instituições. "Um que teve grande repercussão nacional, e mesmo fora do Brasil, a missa celebrada, no Natal de 1975, na Loja Maçônica "Liberdade", de Salvador, pelo Exmo. Sr. Cardeal Avelar Brandão Vilela, Arcebispo daquela cidade, já falecido. Naquela oportunidade, o Cardeal foi agraciado com distinta honraria da Maçonaria. No ano seguinte, 1976, semelhante homenagem recebeu o Cardeal Arcebispo de São Paulo, Dom Paulo Evaristo Arns", destacou. Mas Dom Lara deixa claro que a relação Maçonaria e Igreja Católica não é a mesma em todos os lugares, e que depende da orientação de seus responsáveis ou dirigentes. Segundo ele, coisa semelhante acontece com a Igreja Católica e Igrejas protestantes, citando como exemplo casos em que pretende-se realizar a celebração ecumênica de um casamento entre uma parte católica e a outra de religião cristã não católica.

Há pastores que o permitem e há os que se opõem radicalmente a tal celebração. Segundo ele, dentro da própria Igreja Católica, em questões não definidas pela doutrina ou autoridade da Igreja, a orientação ou decisão dos Bispos não é sempre a mesma. No Estado de Goiás, na cidade de Goiandira não foi diferente, a Loja Maçônica "Asilo da Virtude Nº 1132"-GOB promoveu uma Sessão para homenagear nossas Cunhadas sendo presidida pelo Venerável Mestre Silvio de Castro Lima Júnior. A Sessão foi altamente prestigiada por mais de 200 pessoas. O Templo ficou totalmente lotado, tendo o Livro Sagrado aberto, quando fez sua leitura em um de seus Capítulos e suas explicações o Padre Edson Costa, Pároco de Goiandira, que foi saudado com muita emoção pela nossa Cunhada Vera Lúcia Brandão Barbosa, que viu, na presença do religioso no interior do Templo e com o grande número de Cunhadas, um novo tempo para a Maçonaria de Goiás. No município de Forquilha, Ceará, na gestão do Ex-Venerável Mestre Célio Cavalcante – 33º da Loja "Segredo e Força da Acácia Nº 2042" – GOB, hoje pertencente aos Quadros da Loja Maçônica "Luz do Acaráu Nº 39" – GLO-

MECE, Or. de Sobral, também não foi diferente; ele reuniu várias autoridades para debater assuntos de interesse da coletividade, entre os quais o Padre João Batista Rodrigues Vasconcelos, que foi nomeado primeiro pároco da Paróquia de São Francisco de Assis, em Forquilha – Ceará, a 25 de junho de 1992.

Padre Joãozinho, como era conhecido, transbordou no seu pronunciamento afável e aqui ressuscitamos apenas uma frase que ele deixou do Santo Papa Leão XIII. "A virtude e a força da religião são imortais porque a religião é de Deus. Ela tem tesouros de auxílio e eficacíssimos remédios, que podem ser maravilhosamente adaptados às necessidades de cada tempo e época." O Grande Inspetor Geral do Grau 33º Venerável Mestre àquela época Célio Cavalcante solicitou ao nosso eterno vigário Pe. Joãozinho para abrir e ler um dos capítulos de nossa Bíblia Sagrada, em que o Sacerdócio na presença de quase 300 pessoas inspirou-se nos mandamentos da Lei de Deus onde todos são povo de Cristo.

Para o Maçom Célio Cavalcante e os já mencionados acima quebramos um tabu de vários leigos de nossa Sociedade.

Postado por Célio Cavalcante.

∴

Proibição Sobre: Política, Nacionalidade e Religião

O respeitável pesquisador-escritor Irm∴ José Castellani, afirma: "Na verdade, a Premier Grand Lodge foi criada numa época em que, por força do *Act of Supremacy*, aprovado em 1714, pelo Parlamento inglês, a dinastia católica dos Stuarts tinha acelerada a sua decadência, já que, por força da alternância prevista pelo Ato, George I, de Hanover, assumira o trono, sendo estrangeiro (alemão), não falando inglês e sendo protestante".

Daí a preocupação da Premier Grand Lodge, através da Constituição de 1723, de proibir debates sobre política, religião e nacionalidade, pois frágil como ela era, poderia incorrer na ira de um dos lados e ser, simplesmente, extirpada.

Embora essa primeira Grande Loja tenha sido importante, quase um marco para a moderna Maçonaria, ela não foi aceita pelos demais Maçons ingleses – foi formada só por quatro Lojas – e foi, inclusive, combatida, principalmente por ter rompido com preceitos religiosos das práticas da Maçonaria dos Aceitos (este, surgido a partir do início do século XVII); esse rompimento foi considerado, pelos demais – que se diziam "Antigos" – uma descristianização dessas práticas, termo esse utilizado pelos autores ingleses contemporâneos.

Foi criada, inclusive, uma outra Grande Loja, que se dizia "dos Antigos" rotulando os outros de "Modernos", para combater esse rompimento.

Só em 1813 é que as duas Grandes Lojas iriam se unir, formando a "Grande Loja Unida da Inglaterra".

∴

Filhos da Viúva – Filhos da Luz

É como se autodenominam os Maçons. Existem duas

explicações para a origem da expressão. A primeira é relacionada com a lenda de Osíris, mito solar egípcio, decalcada em outras lendas mais antigas, como a do deus agrário Dumuzi, dos sumerianos. Foi Plutarco quem transmitiu, no primeiro século da era cristã, a melhor versão da lenda de Osíris, confirmada, posteriormente, pela tradução dos textos hieroglíficos.

A lenda é tipicamente decalcada nos mitos solares, pois, de acordo com ela, Osíris foi assassinado no 17º dia do mês Hator, que marcava o começo do inverno. A lenda, assim, do ponto de vista místico, mostra o Sol (Osíris) morto pelas forças das trevas (Set), deixando viúva a Ísis, para renascer, posteriormente, completando um novo ciclo, também representado pelas sucessivas mortes e renascimentos dos vegetais, de acordo com a influência solar.

Os Maçons, identificando-se com Hórus, são os filhos da viúva Ísis, a mãe-Terra, privada do poder fecundante do Sol (Osíris), pelas forças das trevas. A segunda explicação para a origem da expressão está ligada à lenda de Hiram, largamente baseada na lenda de Osíris e em outros mitos da antiguidade. O artífice fenício Hiram, construtor do Templo de Jerusalém, segundo a lenda (mas, na realidade, um entalhador de metais, responsável pela confecção das colunas e das bacias necessárias ao culto), era filho de uma viúva da tribo de Neftali. Knight e Lomas avançam a teoria de que Hiram Abif era, na realidade, Sequenere Tao II, o verdadeiro rei egípcio que viveu em Thebas, cerca de 640 quilômetros a Sul de Hyksos, capital de Avaris, perto dos limites do reino de Hyksos. Sequenere era o "novo rei do Egito, que não conhecia José", que foi vizir por volta de 1570 a.C. Apophis, especula-se, queria conhecer os rituais secretos de Horus, que permitiam ao faraó transformar-se em Osíris na morte e viver eternamente como uma estrela. Apophis enviou homens a seu soldo para extrair a informação de Sequenere, mas ele mais facilmente morreria com violentas pancadas na cabeça antes de contar alguma coisa; na verdade, foi o que aconteceu.

A identificação de Hiram Abif como sendo Sequenere

baseia-se no crânio da múmia, o qual parece ter sido esmagado por três golpes aguçados, como os que foram desferidos em Hiram Abif. E quanto aos assassinos descritos no folclore maçônico como Judeus? Knight e Lomas sugerem que estes serão dois dos irmãos expatriados de José, Simeon e Levi, auxiliados por um jovem Padre de Thebast. Como prova, Knight e Lomas apontam a múmia encontrada ao lado da de Sequenere. O corpo não embalsamado pertencia a um jovem que morreu com os órgãos genitais cortados, e com um estertor de agonia no rosto. Teria ele sido enterrado vivo como castigo pelo seu crime? Os Rituais maçônicos referem Hiram Abiff como o "Filho da Viúva" ... na lenda egípcia, o primeiro Horus foi concebido após a morte de seu pai, pelo que a mãe já era viúva mesmo antes da concepção. Parece "lógico que, todos os que, daí em diante, se tornaram Horus, os reis do Egito se apelidaram de 'Filho da Viúva'".

"A lenda do Mestre Construtor Hiram Abif é a grande Alegoria Maçônica. Na realidade, a sua história figurativa é baseada numa personalidade das Sagradas Escrituras, mas os seus antecedentes históricos são de acontecimentos e não da essência; o significado reside na alegoria e não em qualquer fato histórico que possa estar por detrás. Para o construtor iniciado, o nome Hiram Abiff significa Meu Pai, o Espírito Universal, uno em essência, três em aparência." Ainda que o Mestre assassinado seja o estereótipo do Mártir Cósmico.

O Espírito crucificado do Bem, o Deus moribundo – cujo Mistério é celebrado por todo o mundo. Os esforços levados a cabo para descobrir a origem da lenda de Hiram demonstram que, apesar da forma relativamente moderna de representação da lenda, os seus princípios fundamentais remontam a uma longínqua Antiguidade.

É habitualmente reconhecido pelos estudiosos maçônicos que a história do martirizado Hiram é baseada em antigos Rituais egípcios do deus Osíris, cuja morte e ressurreição retratam a morte espiritual do Homem e sua regeneração através da iniciação nos Mistérios.

Hiram é também identificado com Hermes através da inscrição na Placa de Esmeralda. Escreve Persigout, que os Maçons eram os "Filhos da Viúva", isto é, da Natureza sempre virgem e fecunda. Dá-se esse nome aos Franco-Maçons, diz Gédalge, em memória da viúva que foi mãe do arquiteto Hiram. Mas Ísis, a "Grande Viúva" de Osíris, procurando os membros esparsos de seu esposo, também é considerada a mãe dos Franco-Maçons que, seguindo-lhe o exemplo, procuram o corpo de seu Mestre Hiram, assassinado pelos três maus Companheiros, que simbolizam os vícios capazes de aniquilar o Ser: a Inércia, a Sensualidade e o Orgulho.

Quando, portanto, em dezembro, afirma Ragon, o sol hibernal parece deixar nossos climas para ir reinar no hemisfério inferior, parecendo, para nós, que ele desce ao túmulo, então a natureza fica viúva de seu esposo, daquele de quem ela recebe, todos os anos, alegria e fecundidade. Seus filhos ficam desolados; é, portanto, com muita razão que os Maçons, filhos da natureza, e que, no Grau de Mestre, revivem essa bela alegoria, se chamam filhos da viúva (ou da Natureza); como no reaparecimento de deus, eles se tornam os filhos da luz.

Segundo essa interpretação, acrescenta Ragon, devemos concluir que Hiram, arquiteto do templo de Salomão, ao se tornar o herói da lenda maçônica, é Osíris (o sol) da nova iniciação; que Ísis, sua viúva, é a Loja, emblema da terra, e que Órus, filho de Osíris (ou da luz), é filho da viúva, é o Maçom, isto é, aquele que mora na Loja terrestre. Para outros autores, a Franco-Maçonaria é Viúva desde que Jacques de Molay, Grão-Mestre dos Templários, foi queimado. A palavra "viúva" vem do latim *vídua*, e significa propriamente vazio, privado de. A palavra vazio tem o sentido de espaço e não de vácuo. Nessa acepção, a expressão os "Filhos da Viúva" significaria os "Filhos do Espaço" e, como o Espaço é símbolo de Liberdade, os Franco-Maçons seriam igualmente os

"Filhos da Liberdade. Mas a "Viúva" é caracterizada por um véu negro e então simboliza as Trevas que, como dissemos acima, são inerentes ao Espaço. Esse é o motivo pelo qual os Maçons são ao mesmo tempo os "Filhos da Viúva" e os "Filhos da Luz". Eles são "Filhos do Mundo das Trevas", mas, no seio do mundo, manifestam-se como os "Filhos da Luz".

É interessante observarmos a relação entre Hiram Abif e os forjadores de metais, fenícios, cainanitas ou cananitas, o que nos leva a uma origem luciferiana da principal alegoria simbólica da Maçonaria, qual seja, a lenda da morte e renascimento de Osíris, Tamuz, Adônis e Hiram Abif.

∴

O Pensamento Maçônico no Início do Século XIX

A Maçonaria no século XIX se caracterizará pela oposição de cunho liberal e anticlerical. Caio Prado Jr., na **"Formação do Brasil Contemporâneo"**, declarou que "a Maçonaria se incumbiu de propagar no Brasil a filosofia dos enciclopedistas e que seu papel é bem mais amplo do que aquele que se lhe atribui o movimento de independência".

Não duvidamos de uma **influência** maçônica na revolta armada de 1824 ainda que defendamos o ponto de vista de que a participação de Maçons nos movimentos libertários não foi unificada e não representou uma participação da Maçonaria mundial, porquanto as Lojas "revolucionárias" eram clandestinas e rebeldes.

Nas duas Revoluções Pernambucanas, a liderança principal encontrava-se nas mãos de Padres e Frades formados em Olinda. "Na de 1817, havia cerca de 60 Padres e 10 Frades; por isso, com razão continua sendo chamada de **Revolução de Padres.** Na de 1824, naquela do grande, heróico, Frei Caneca, havia cerca de 40 Padres"

(Gilberto Vilar de Carvalho: A liderança do Clero nas revoluções republicanas – 1817-1824, p. 10).

A Maçonaria chega ao Brasil a reboque das ideias iluministas adquiridas por estudantes brasileiros na Europa, notadamente os residentes em Portugal, França e Inglaterra. Fica claro que os Maçons liam, como estímulo contra o absolutismo português, autores como Montesquieu, Voltaire, Rousseau, Volney (As Ruínas), entre outros.

Feita a independência, publicou seu jornal "Sentinela da Liberdade", sempre em linguagem *veemente.* Devido ao seu exaltado temperamento, passou grande parte da sua vida nas prisões. Embora alguns autores sustentem que ele não foi Maçom, temos informações de fontes muito confiáveis que *comprovam* que foi um dos fundadores (ao lado de José da Silva Lisboa, Visconde de Cairu, cuja qualificação maçônica também é contestada) da Loja "Cavaleiros da Luz".

O clima intelectual na Europa em fins do século XVIII, notadamente as ideias francesas, no meu entendimento, poderiam ter servido de paradigma para o pensamento maçônico no início do século XIX. Essas novas ideias começaram a influenciar a opinião culta maçônica que procurava lutar para *livrar* a sociedade de séculos de credulidade, superstições e opressão colonialista. Esse **iluminismo** *renovou* criticamente todo o conhecimento adquirido até então.

Portanto, a Maçonaria brasileira de 1824 se apresenta, como na França, racionalmente ilustrada, filha do *movimento* das ideias que constituíram o pressuposto da *Revolução Francesa*, sem ter tido participação na mesma como pretendem os seus detratores, identificando a Maçonaria com o **terror.**

Este era o clima no início do século XIX quando a Maçonaria brasileira, muito ligada com a francesa, começa a se **agitar** em torno das lutas emancipatórias que iriam culminar com a Independência em 1822, prosseguindo na luta contra o absolutismo de D. Pedro I que fecha a Ordem no mesmo ano da Independência.

Os Maçons de 1824, embora clandestinos, aliam-se aos agitadores da Confederação do Equador que deu continuidade ao *movimento* de 1817, gerado no útero do Areópago de Itambé. Veremos como, objetivando estabelecer uma república confederativa no nordeste brasileiro, os *revoltosos* – alguns Maçons como pretendemos demonstrar – não conseguiram atingir seus propósitos ainda que *devam* ser estudados como opositores sinceros contra D. Pedro I e seu absolutismo centralista, imposto pela Constituição outorgada.

A "Revolução" de 1824 deu continuidade à revolta pernambucana de 1817, movimento de tendência nacionalista, no sentido de implantar a República em Pernambuco. "A Revolução de 1817 teve forte e importante participação do líder Maçom Domingos José Martins Iniciado em Londres através de Francisco Miranda e Hipólito da Costa. Reunindo os conspiradores em sua casa, no Recife, em seu engenho, no Cabo, ele presenciaria um triunfo efêmero. Deposto o governador Caetano Miranda Montenegro, foi instalado o governo republicano, a 7 de março de 1817, na verdade o primeiro governo nacional brasileiro."

Não tardou a reação articulada pelo então governador da Bahia, conde dos Arcos – D. Marcos de Noronha e Brito. Este procedeu ao bloqueio do Recife, com um contingente estimado em cerca de 1.500 homens. Os revolucionários resistiram, mas as tropas contrárias desembarcaram no Recife a 19 de maio para dominar a situação.

Após a derrota, os principais chefes revolucionários, inclusive o líder Domingos José Martins, foram levados para Salvador, onde responderam a processo sumário, sendo todos executados, num total de 43, entre civis e militares, além de três eclesiásticos, entre eles o Padre Roma (José Inácio de Abreu e Lima), também Maçom e pai do grande brasileiro, general de Bolívar, José Inácio de Abreu e Lima, comprovadamente Maçom conforme demonstraremos no momento oportuno.

∴

A Eleição do Papa

Colaboração da Loja Maçônica "Obreiros de Irajá Nº 1068" – GOB

A história existe para conhecermos, refletirmos e não repetirmos os mesmos erros...

Nossa história está cheia de acontecimentos bizarros que surgem de fatos inexistentes, que só está na cabeça de quem se sente ameaçado ou interessado em tirar vantagem de algum acontecimento. Esse é apenas mais um.

Este trabalho foi todo embasado em documentos históricos encontrados em vários locais da Europa como: Arquivos Nacionais, Arquivos Gerais, Arquivos de Palácio Real, Ato Histórico Eclesiástico, Arquivos Estaduais, Bibliotecas Nacionais, Bibliotecas de Museus e no Arquivo Secreto do Vaticano. Existe um livro chamado "Arquivos Secretos do Vaticano e a Franco-Maçonaria" que é um resumo dessa defesa de tese, e preocupa-se em relatar a história de forma cronológica, em vários países da Europa.

Para não deixar dúvidas de que a Maçonaria não está em desacordo com a religião, nem o tipo de aulas dentro da Irmandade são adquiridos, nós observamos que o Papa Pio IX Maçom era conhecido no mundo profano como Juan Ferreti, devemos esclarecer que ao ser elevado a Sumo Pontífice, um tempo antes, tinha deixado a Irmandade e 9 de novembro de 1846, emitiu uma encíclica contra a Maçonaria.

Alguns anos antes, o eminente professor e licenciado Alfonso Sierra Partaida tentou publicar em jornais da cidade de Cidade do México, uma cópia da ata da Iniciação em uma Loja de Paris, onde aparece que os Profanos Angelo Roncalli e Giovani Montini tinham sido Iniciados nos Augustos Mistérios da Maçonaria. A imprensa nesta cidade nem do país aceitou a publicação, razão pela qual, o Mestre mandou fazer cópias, que circularam amplamente entre os círculos maçônicos do país.

Angelo Roncalli e Giovani Montini acabariam por ser mais conhecidos como os Papas João XXIII e Paulo VI, que iriam introduzir reformas importantes para os cultos católicos, a fim de se adaptar aos tempos modernos em que viviam.

Das principais reformas introduzidas pelo Papa João XXIII, está no Concílio Vaticano II, e vemos que, dentro das justificações que são feitas, muitas são baseadas nos Princípios e Postulados da Maçonaria. Vemos também ou perguntamo-nos.

Que justificação teve João XXIII, para decretar a abolição das Bulas excomungatórias que até antes de sua chegada ao trono de São Pedro ainda tinha efeito?

Em 1935, Ângelo Roncalli, Arcebispo de Mesembria, delegado Apostólico na Turquia, para tempos de guerra, que decorreu ao igual como outros sacerdotes e religiosos são obrigados a vestir roupas seculares. É justamente nessa época que ele foi convidado para participar de uma sociedade iniciática herdeira dos ensinamentos Rosa-Cruz, e que tanta força lhe deu no passado Louis Claude de San-Martin, o Conde de Saint Germain e o Conde de Cagliostro.

Pier Carpi, sério investigador jornalístico e um tempo forte detrator de todos os tipos de sociedades iniciáticas ou secretas, e é, paradoxalmente, quem iria encontrar, no curso de suas investigações, as provas documentais da Iniciação Maçônica na Turquia Angelo Roncalli (Papa João XXIII).

Este grande jornalista foi quem relatou o processo de Iniciação e extensivamente descreve o Ritual dele. Note também que em uma das reuniões tidas em Loja aberta, Ângelo Roncalli cai num transe místico de longo prazo e é precisamente nestas circunstâncias que ele dita suas já famosas profecias. O detalhe desta história é encontrado no livro "As Profecias de João XXIII", de Pier Carpi, e publicado pelas edições Martínez Roca (Espanha).

Acusações de Le-Febre têm vindo a estabelecer uma relação verdadeira entre São Pedro e Maçonaria. IL BORGHESE, Semanário da extrema direita italiana, também falou de uma longa lista de prelados Maçons Pellegrino, Arcebispo de Turim, Secretário de Estado Villoti; Poletti, Vigário de Roma, o belga Suenens e até o secretário particular do Papa Paulo VI, Pascual Macchi, que foi Iniciado na Maçonaria em 23 de abril de 1958, quando ele era secretário do Arcebispo de Milão, Monsenhor Montoni, entre outros.

O Grão-Mestre da Maçonaria italiana, Lino Salvan, médico socialista, tem sido frequentemente identificado como porta-voz mais escutado da organização maçônica dentro do Vaticano e um dos arquitetos da paz entre os dois domínios, em setembro de 1976.

Você nunca soube por que Pio XII sempre negou a Giovani Montini (Paulo VI) o cardealato. Em 24 de novembro de 1958, 20 dias depois de ter sido elevado ao trono de São Pedro, Ângelo Roncalli (João XXIII) nomeia 23 novos cardeais, entre eles está Giovani Montini.

João XXIII, em 1960, deu o seu consentimento para proceder à realização de estudos sobre as sociedades esotéricas e iniciáticas e suas relações com a Igreja. Durante o curso das investigações, foi detectado que as chaves dos Templários, Rosa-Cruzes, Organizações maçônicas e Martinistas nunca se perderam ou foram perdidas para sempre, mas vagando de uma organização para outra, eram sempre zelosamente guardadas dentro da própria Igreja.

No passado, existiram sacerdotes que tinham uma relação estreita com sociedades esotéricas e de tradição eminentemente visual, assim como Bento IX (1032 – 1034), Bonifácio VII (984-985).

Os católicos e os católicos praticantes eram os grandes mestres da tradição esotérica: Nostradamus (ocultista e astrólogo), Cornelius Agrippa (oculto e esotérico), Santo Alberto Magno (astrólogo), Sto. Tomás de Aquino (mágico branco e aluno de Alberto Magno), Leonardo da Vinci (mago esotérico, ocultista e designer).

No caso muito especial de Cagliostro que foi perseguido pela Inquisição, sempre defendeu a validade e a íntima relação entre o esotérico e o exotérico. Ele continuou debates teológicos com o respeitado Grande Mestre Manuel Pinto da Fonseca, cuja presença levou Fray Umile o seu guia espiritual alquimista Alhotas. Debate que continuaria com o Papa Clemente XIII, que foi feito muito devotado amigo.

As provas vitais de que não há mais informações sobre esoterismo, magia e ocultismo e Maçonaria nas bibliotecas não maçônicas é a pessoa de Alphonsse Louis Constant, mais conhecido entre os estudiosos do esoterismo como Eliphas Levi Zahed, que estudou e foi ordenado sacerdote no seminário de Saint Sulpice. Para esta situação muito especial, tinha acesso a todas as bibliotecas dos conventos e seminários do tempo.

A posse de uma grande cultura e falando línguas diferentes torna fácil de ver documentos antigos e raros que supostamente a Inquisição tinha feito na grama ardente. Por esta razão e espírito liberal, foi considerado como perigoso dentro da própria Igreja Católica.

Sendo repudiado por ela em 1841. Pertencia a várias organizações maçônicas, dentre as quais podemos enumerar "A Fraternidade Maçônica do Grande Oriente de França", "Os Irmãos da Luz" e "Sociedade Rosacruz de Anglia".

Após os resultados dos inquéritos ordenados por Papa João XXIII e complementando os trabalhos de Levi Zahed, daria início ao processo que conduziu à eliminação das Bulas de excomunhão da Maçonaria.

FONTES:

(Artigo copiado da Publicação Oficial da Grande Loja do Rito de York em Bolívia, outubro de 1993)

As fontes de onde você pode obter informações sobre a iniciação de altos dignitários da Igreja são:

José Antonio Ferrer Benimeli (Jesuítas), historiador da Maçonaria científica que teve acesso aos arquivos do Vaticano, encontrou mais de 2.000 nomes de sacerdotes que durante a segunda metade do século XVIII, pertencia à Maçonaria.

Segundo ele, ao mesmo tempo, não havia Lojas exclusivamente constituídas por Padres católicos como, por exemplo: "A União

Perfeita", Rennes, L'Amitié un l'épreuve, em Narbona, e a "Loja Theresienne" em Mons, e não apenas simples párocos têm pertencido à Maçonaria, mas altos Dignitários como foram o príncipe da Igreja de Liège, Charles François de Velbrück. O Cardeal de Breslau, na Áustria, foi Iniciado logo após a primeira Bula Papal de 1738.

A Bula Papal de 1738

Muitos historiadores concordam que, na realidade, a verdadeira razão principal era política. As três primeiras razões argumentadas na Bula já eram conhecidas publicamente em 1730, com a publicação, neste ano, do livro antimaçônico de Samuel Prichard, "Maçonaria dissecada".

Se essas razões eram tão importantes para a Igreja Católica, por que esperar até 1738 para a emissão da Bula Papal? O Papa apoiava Charles Edward, pretendente ao trono de Inglaterra, católico, refugiado em Roma, e contrariamente ao que o monarca reinante, que era protestante. A conclusão é que a realidade exposta e que o levou a publicar sua Bula Papal é apenas política. Sabe-se que assinaram o documento sem realmente lê-lo e foi escrito pelo Cardeal Neri Corsini, conhecido político por excelência.

Em "As Profecias de João XXIII", de Pier Carpi, e edições publicadas por Martinez Roca (Espanha) citam-se evidências documentais da iniciação maçônica na Turquia por Angelo Roncalli (Papa João XXIII).

Papa Clemente XII

Resumo dos acontecimentos históricos que antecederam à Edição da Bula "In Eminenti Apostolatus Specula" assinada pelo Papa Clemente XII em 28 de abril de 1738.

A Bula "In Eminenti", assinada pelo Papa Clemente XII em 1738, foi na verdade uma articulação daqueles que estavam à sua volta, sob o comando do Cardeal Néri Corsini, sobrinho, assessor e braço direito de Clemente XII.

O Papa nessa época estava muito doente, quase não saía da cama (sofria de artrose severa que praticamente o impedia de sair da cama, que os médicos da época chamavam de "gota", e tinha também uma hérnia, que por vezes lhe saíam as vísceras, precisava sempre andar com bandagem para mantê-las no lugar), e completamente cego, tudo o que ele assinava, tomava conhecimento através do que lhe era falado.

Depois do conteúdo de qualquer documento ser explanado, e ele estando de acordo, seu assessor, o Cardeal Corsini, orientava sua mão na parte do documento que deveria ser assinada. Sinteticamente, como a maioria de nós já sabe, a Bula diz que quem frequentar Ordens Iniciáticas Secretas (inclui-se aí a Maçonaria) será excomungado.

Vamos narrar alguns fatos históricos importantes para entendermos por que e como ela foi elaborada.

A Igreja Romana preocupava-se especificamente com um oficial Inglês chamado Barão Stosch, pois para a época ele era um revolucionário que pregava ideias de liberdade que colocavam em risco o poder da Igreja, além disso, falava aos quatro ventos que era um "Liberi Muratori" (Free-Mason – Franco-Maçom) e Membro de uma Loja Maçônica em Florença, e como a Igreja já tinha conhecimento de que na Ordem havia um "grande segredo" que não poderia ser revelado, esse foi um motivo muito grande para colocar a Ordem na mira do poder da Igreja.

Vale um esclarecimento, a maioria esmagadora das Lojas Maçônicas Europeias dos séculos XVII e XVIII foi fundada por Ingleses, Irlandeses e Escoceses, das mais variadas áreas profissionais.

É bom reforçar que todas elas tinham Ingleses, Irlandeses e

Escoceses em seus quadros, que para a Igreja Católica eram considerados hereges.

Ocorre que nem na própria Maçonaria, em Florença, o Barão Stosch era benquisto. Mas, como ele era amicíssimo e mantinha um ótimo relacionamento com Sua Majestade o Rei da Inglaterra, ninguém tinha coragem de propor sua saída da Ordem e de Florença e, apesar da Igreja pressionar o Grão-Duque da Toscana a expulsar o desafeto, ele demora a executar essa Ordem, pois também não queria arrumar um problema sério com o Rei da Inglaterra.

Os Membros do Clero que estavam assessorando o Papa estavam de olho nele e na Maçonaria de algumas cidades Italianas (Florença, Veneza, Pisa) e era contra elas que estavam preparando uma "punição". Mas, por sua (Maçonaria) dita "universalidade", o Vaticano acabou estendendo essa "punição" para toda a instituição europeia continental, a coisa deixaria de ser pessoal e passaria a ser contra a instituição. Mais ou menos assim: matar a vaca para acabar com o carrapato.

Desde o século XVII a alta cúpula do Papado de Roma estava preocupada com a nova sociedade, que surgia com muita força em quase todos os países da Europa. Denominada Franco-Maçonaria, não por evidências de desvio de comportamento de seus integrantes, mas principalmente pelo conteúdo do juramento que era prestado pelos homens que nela entravam.

Percebam que já era de conhecimento da Igreja, desde o final do séc. XVII, o conteúdo do Juramento da nossa Cerimônia de Iniciação Maçônica.

O que lhes causava verdadeiro "pânico" era os Iniciados se permitirem ter uma morte "horrível" e "cruel" se revelasse o seu segredo... que era o de ter o P∴ cortado e a cabeça A∴ e seu C∴ Ent∴ nas areias do mar, onde o F∴ e R∴ das ondas o mantivesse em P∴ Esquecimento.

Para eles, a permissão desse tipo de morte para guardar um segredo dava margem a criarem um sem número de teorias conspiratórias contra o poder da Igreja no continente Europeu, e esse também foi o argumento utilizado pela Igreja para trazer como aliados Reis de alguns Países europeus. De forma bem objetiva não era nada mais que isso.

O conteúdo do nosso Juramento está escrito em vários documentos do Vaticano espalhados por toda a Europa, e estão guardados em Arquivos ou Bibliotecas Nacionais e no próprio Arquivo Secreto do Vaticano até hoje.

Só a título de curiosidade, o jornal londrino "TRE Flying Post" publicou nos dias 11, 12 e 13 de abril de 1723, "a masons examination" (o exame de um Maçom) e, nessas edições, colocou todo o conteúdo do juramento prestado pelo Aprendiz no dia de sua Iniciação.

Quando o Vaticano, através dos assessores do Papa Clemente XII, resolveu tomar uma medida punitiva contra os Membros de algumas Lojas Maçônicas da Itália, repito, por causa de sua conhecida "universalidade" maçônica, resolveram estender isso para toda a Ordem existente na Europa católica. Acontece que a Maçonaria em sua Origem é eminentemente Cristã, na Inglaterra, Escócia e Irlanda não católica, mas cristã.

Quando os Padres inquisidores, principalmente em Portugal e Espanha, foram atrás de seus Membros para proibi-los de se reunirem sob pena da excomunhão, surpreenderam-se, pois todas as Lojas já não mais se reuniam, e resolveram encerrar suas atividades assim que tomaram conhecimento da proibição pela Bula Papal.

Podemos perceber aqui que, como sabemos, os Maçons respeitaram o que juravam, assim como fazemos hoje, respeitar as Leis, os Poderes Constituídos e a soberania dos Reis e, naquela época, uma ordem Papal era Lei.

Ninguém fora da Ordem sabia que o juramento "terrível" restringia-se apenas à divulgação dos Toques, Sinais e Palavras pelos quais os Obreiros utilizavam para se reconhecer em qualquer lugar do mundo.

A Maçonaria naquela época era realmente de ajuda mútua, quando um Irmão precisava de ajuda, os outros se reuniam e o ajudavam para evitar que "Profanos" tirassem proveito dessa ajuda mútua, e juravam segredo quanto aos Sinais, Toques e Palavras... comportamento este herdado das antigas Guildas de Pedreiros Livres.

Bem resumidamente, o incômodo que o Barão Stosch causava no Clero com seus discursos revolucionários associados a essa falta de entendimento da diferença do juramento, mais o medo da força que a Ordem vinha adquirindo por causa do nível intelectual de seus Membros e da "febre' que acometeu a alta sociedade europeia em participar da Ordem, foram as principais causas para a Edição da Bula.

Esses fatos resumidamente colocados acima são ingredientes mais do que suficientes para compreendermos o que aconteceu depois...

É de a natureza humana criar monstros onde eles não existem, o desconhecimento causa perturbação, que gera as suposições e as teorias conspiratórias, que acabam tornando-se problemas reais... daí à ação é apenas um pequeno passo....

∴

Padres Maçons Brasileiros

Se os católicos se referem à Maçonaria como seita satânica, por que existiram tantos Padres Maçons?

Foi publicada a seguinte lista incompleta de Padres Maçons brasileiros, em um jornal de Pernambuco, lista que aqui transcrevemos para perpetuação da memória dos que se não julgaram indignos com os vilipêndios que ainda hoje lhes são atirados:

- Bispo Azeredo Coutinho 33∴ (Escritor português prelado de Pernambuco.)

- Bispo Conde de Irajá 33∴ (Sagrador, coroador e celebrante do casamento de Dom Pedro II.)
- Cônego Dr. João Carlos Monteiro 3∴
- Cônego Francisco L. de Brito Medeiros Campos 3∴
- Cônego Ismael de Senna Ribeiro Nery 18∴
- Frei Antonio do Monte Carmelo 18∴
- Frei Candido de Santa Isabel Cunha 18∴
- Frei Carlos das Mercês Michelli 7∴
- Frei Francisco de Monte Alverne 33∴ (Maior pregador do século XIX.)
- Frei Francisco de Santa Thereza Sampaio 7∴ (Grande polemista.)
- Frei Francisco de São Carlos 33∴
- Frei Joaquim do Amor Divino Caneca 7∴
- Frei Norberto da Purificação Paiva 33∴
- Monsenhor Pinto de Campos ∴ (Escritor pernambucano.)
- Padre Albino de Carvalho Lessa 3∴
- Padre Antonio Álvares Guedes Vaz 18∴
- Padre Antonio Arêas 3∴
- Padre Antonio da Imaculada Conceição 3∴
- Padre Antonio João Lessa 7∴
- Padre Auliciano Pereira de Lyra 33∴
- Padre Bartholomeu da Rocha Fagundes 30∴
- Padre Candido Ferreira da Cunha 33∴ (1° Presidente da Constituinte do Brasil.)
- Padre Diogo Feijó 33∴ (Regente do Brasil, na menoridade de D. Pedro II.)
- Padre Ernesto Ferreira da Cunha 17∴
- Padre Francisco João de Arruda 3∴
- Padre Francisco José de Azevedo 18∴ (Inventor da primeira máquina de escrever.)
- Padre Francisco Marcondes do Amaral 3∴
- Padre Francisco Peixoto Levante 15∴
- Padre Guilherme Cypriano Ribeiro 3∴

- Padre Januário da Cunha Barbosa 7∴ (Orador sacro, fundador do Instituto Histórico Brasileiro.)
- Padre João da Costa Pereira 3∴
- Padre João José Rodrigues de Carvalho Celeste 7∴
- Padre Joaquim Ferreira da Cruz Belmonte 33∴
- Padre José Capistrano de Mendonça 30∴
- Padre José da Silva Figueiredo Caramuru 32∴
- Padre José Luiz Gomes de Menezes 33∴
- Padre José Roberto da Silva 3∴
- Padre José Sebastião Moreira Maia 3∴
- Padre Lourenço de Albuquerque Loyola 3∴
- Padre Manoel Cavalcante de Assis Bezerra de Menezes 3∴
- Padre Manoel Telles Ferreira Pita 7∴
- Padre Paulo de Maia 3∴
- Padre Thomaz dos Santos Mariano Marques 3∴
- Padre Torquato Antonio de Souza 3∴
- Padre Vicente Ferreira Alves do Rosário 33∴
- Vigário Eutychio Pereira da Costa 33∴ (Deleg. do Grão-Mestre no Pará em 1877 – Bol G.O.B. 1918 pág. 1.123.)
  (Garantimos a autenticidade dos presentes nomes, pois se acham registrados na Grande Secretaria Geral da Ordem no Rio de Janeiro – Do Popular (Victoria, de 16 de maio de 1908.)
- Padre Vicente Gaudinieri (Iniciado na Loja "Modéstia nº 0214", em Morretes, transferido para Palmeira-PR, onde, por coincidência, em 1º/02/1898 foi fundada a Loja "Conceição Palmeirense", a qual mais tarde, mudou o nome para Loja "Moria". Participou como fundador da Loja Luz Invisível, está registrado no Livro de Obreiros Nº 1, na página Nº 23.)
- Padre Guilherme Dias (A Loja "Luz Invisível Nº 33" – Curitiba possui correspondência deste Irmão, quando passou a residir na cidade de Ponta Grossa.) Fontes:

A presente matéria foi gentilmente cedida e autorizada a sua publicação pela Loja Maçônica "Obreiros de Irajá Nº 1068":

Lista Complementar de Alguns Ilustres Padres Maçons

Fontes diversas de Domínio Público

- Padre Albino de Carvalho Lessa
- Padre Antonio Álvares Guedes
- Padre Bartolomeu Fagundes – "Vigário Bartolomeu"
- Padre Belchior Pinheiro de Oliveira
- Padre Carmelito Caetano de Santa Rita Cerejo
- Padre Cândido Ferreira da Cunha
- Bispo Sebastião Pinto Rego
- Bispo Silva Coutinho "João Caetano da Silva Coutinho" lutou pela Independência do Brasil. – 8º Bispo do Rio de Janeiro.
- Cônego Antonio de Queiroz Camacho Botelho da Silva Manoel
- Cônego Dr. João Carlos Monteiro 3∴
- Cônego Francisco L. de Brito Medeiros Campos 3∴
- Cônego João Rodrigues Mariz
- Cônego Inácio Alves Monteiro
- Cônego Ismael de Senna Ribeiro Nery 18∴
- Cônego Manoel Vieira de Lemos Sampaio – Part. Revolução 1817
- Cônego Melo – confidente condenado à forca
- Cônego Secular de São João Evangelista (Inquisição)
- Cônego Januário da Cunha Barbosa – jornal "Reverbero Constitucional", orador sacro, poeta, biógrafo, e político da cidade do Rio de Janeiro, Prócer da Independência do Brasil.
- Frei Francisco de Santana Brito
- Frei Francisco de Santana Mariano
- Frei Francisco de São Pedro
- João da Cruz
- Frei João Loureiro
- Frei José Maria do Sacramento Brainer
- Frei João Santana Miquilina

- Frei Manuel de Arruda Câmara – Areópago de Itambé.
- **Monsenhor Pinto de Campos∴ (Escritor pernambucano.)** Na Questão Religiosa, o Bispo de Olinda também proibiu que o Monsenhor Pinto de Campos celebrasse o casamento de um Maçom. Era, praticamente, uma declaração de guerra à Maçonaria. Para agravar a situação o Bispo do Pará, Dom Antonio Costa, também interditou os templos cujos Padres eram Maçons.
- Padre Agostinho Gomes – participação em todos os movimentos que tinham a finalidade de separar Brasil-Portugal.
- Padre Almeida Martins
- Padre Aniceto Gomes de Araújo
- Padre Antonio de Almeida Azevedo
- Padre Antonio Felix Velho Cardoso
- Padre Antonio Jacome Bezerra
- Padre Antonio Peres de Albuquerque, mãos e cabeça decepadas para serem espetadas em postes.
- Padre Antonio Gomes Correia do Vale – Loja Harmonia Universal – Alegrete
- Padre Azevedo (1814-1880), sábias palavras do Irmão Evanildo Miguel Lima, MM∴ da A∴ R∴ L∴ S∴ "Padre Azevedo", sediada em João Pessoa, nasceu paraibano e estudou no seminário de Olinda, onde se ordenou Padre (1838) transmutando em seguida para João Pessoa (então província do Pará) onde ergueu seu mister. Foi compositor de músicas clássicas, professor de matemática, inventor de máquina de escrever...
- Padre Belchior de Oliveira – Secretário da Loja Distintiva em Niterói.
- Padre Braz Magaldi
- Padre Bernardo de Andrade Pinto Brandão - da Loja Humanidades de Palmeira das Missões
- Padre Calvo, peruano, Grau 33, fundou o Primeiro Supremo Conselho da América Central (1871) com sede em São José da Costa Rica. Sendo reconhecido como o Pai da Maçonaria na

América Central. Criou e professou na universidade Nacional de Santo Tomaz, compartilhando horários com o Ministro José Mara Castro Madriz.

- Padre Domingos Hipólito – Loja Rocha Negra de São Gabriel
- Padre Francisco da Costa Medeiros
- Padre Francisco Muniz Tavares – revolução pernambucana
- Padre Francisco Peixoto Levante 15∴
- Padre Guilherme Pereira Dias (gaúcho) de uma Loja de Pelotas
- Padre Henrique Gauss, da Loja "Estrela" de Santo Ângelo
- Padre Idelfonso Xavier Pereira
- Padre Inácio Nogueira
- Padre João Cavalcante de Albuquerque
- Padre João Gomes Carneiro
- Padre João Ribeiro Pessoa. de Melo Montenegro – Revolução de 1817
- Padre João Ribeiro Peixoto – Iniciado em Lisboa – fundador de uma Loja em Pernambuco – 1817.
- Padre Joaquim Veríssimo dos Anjo, da Loja Rocha Negra.
- Padre Jorge Macedo Nasse
- Padre José Custódio
- Padre José Gomes da Silva
- Padre Leonardo Felipe Fortunato
- Padre Leonel França
- Padre José Lopes de Oliveira – Confidente condenado à forca.
- Padre José Peregrino de Cavalcante – mãos e cabeça decepadas para serem espetadas em postes
- Padre José da Silva de Oliveira **ROLIM** – Homem abastado e de rara cultura, foi uma figura de maior atuação e valor na Inconfidência (confidente condenado à forca)
- Padre Leonardo Felipe Fortunato, da Loja "Rocha Negra"
- Padre Luiz Alves da Silva e Souza
- Padre Luiz Carlos das Mercês Micheli
- Padre Manoel Bernardes

- Padre Miguel Joaquim de Almeida Castro – Iniciado em Lisboa – figura na Revolução de 1817, sacerdote e idealista da cidade de Recife, um dos mártires da Rev. de 1817.
- Padre Nascimento Faria
- Padre Pedro de Souza Tenório – também fuzilado no mesmo lugar e dia. Participação ativa – 1817
- Padre Pereira Tinoco (Participou da fundação do Areópago de Itambé)
- Padre Roberto Pratis Alvarenga – Loja "Independência Nº 1" – cidade de Vila Velha – 89 GLMR
- *Padre Vicente Ferreira Alves do Rosário*
- *Vigário Luiz Carlos Cavalcante Lins – vigário de Santo Antonio de Recife.*

∴

Lista de Maçons no Vaticano Publicada pelo Site Católico Montfort

A Montfort – Associação Cultural foi fundada em agosto de 1985 por um pequeno grupo de amigos, sob a direção do Professor Orlando Fedeli, com o intuito de estudar, de divulgar e de defender a doutrina católica.

Maiores informações: http://www.montfort.org.br

A publicação desta lista surgiu como resposta, depois que um Padre e professor de teologia enviou um e-mail para o *site* da Monfort, direcionado ao Sr. Orlando Fedeli.

Pe. Dr. Luiz Alves de Lima, sdb – professor de teologia em S. Paulo, Curitiba e Goiânia, assessor da CNBB e do CELAM para a catequese, presidente da SCALA (sociedade latino-americana de catequetas), redator e editor da "Revista de Catequese", articulista, conferencista e coordenador de inúmeros cursos de formação de catequistas". (E que o senhor é Doutor, o senhor colocou nas suas informações iniciais de apresentação).

O Padre Luiz Alves escreveu:

Quero apresentar meu protesto formal contra a forma desairosa do comentarista (Orlando Fedeli), que, apesar do nome "fiel", destila veneno tachando o grande liturgista BUGNINI (e consequentemente seu promotor PAULO VI) de MAÇOM...

Protesto contra comentários venenosos contra o Concílio Vaticano II tachando a "Gaudium et Spes" de herege e outros qualificativos desonrosos... (etc....)

Parte da resposta do Sr. Orlando Fedeli ao referido Padre:

Muito prezado e Reverendo Padre Luis, ilustre Doutor em Teologia, salve Maria, seu primeiro protesto, martelado, abruptamente e com força, é pela informação de que Monsenhor Bugnini foi Maçom. Concluo que o senhor, então, considera que um Padre ser Maçom é, pelo menos, um desdouro.

O senhor deveria protestar contra Monsenhor Dadeuz ou contra o Cardeal Avelar Brandão, **que foram a Lojas Maçônicas**, e contra tantos outros, não é, Padre?

O senhor já escreveu algum protesto contra Bispos e Padres **que defendem a Maçonaria** ou que não se pejam de ir a Lojas?

Gostaria de conhecer esses seus protestos, que devem ter sido sem veneno, é claro. Mas, sinceramente, temo que o senhor jamais protestou contra Bispos que foram ou **vão a Lojas Maçônicas**, e nem contra teólogos — como Dom Estevão Bittencourt — que chegaram a escrever que **católicos podem ser Maçons**. Aliás, seguiram eles o exemplo de João XXIII, que aconselhou o Barão Yves de Marsaudon que continuasse Maçom.

Certamente, nos livros e manuais catequéticos que o senhor escreveu, o senhor não se esqueceu de dizer **que um católico não pode ser Maçom.**

O senhor poderia me dizer, quando, em suas obras catequéticas, o senhor condenou a Maçonaria?

E o senhor, rapidamente estende a informação de que, **se Bugnini foi Maçom, Paulo VI que o protegia, também seria Maçom.**

Essa conclusão ágil, pronta e um tanto elástica foi o senhor que a tirou, baseado apenas em sua capacidade de espichamento do que eu não disse. Eu nada disse sobre Paulo VI ter sido Maçom ou não. Foi a sua exagerada elasticidade conclusiva que espichou a acusação até o protetor de Monsenhor Anibale Bugnini.

O senhor tem alguma prova de que Bugnini não foi Maçom?

O próprio Papa Paulo VI julgou procedente a acusação lançada contra Bugnini de que este arquiteto-mor da Missa Nova foi Maçom. Essa admissão de Paulo VI sobre o envolvimento de Bugnini com a Maçonaria foi comprovada por Michael Davies.

O que Paulo VI admitiu, o senhor põe em dúvida? Baseado em quê?

O senhor tem algum indício de que Montini (Paulo VI) teria sido Maçom? É impossível haver Maçons no Vaticano?

Ingenuamente diriam alguns que é impossível haver comunistas no Vaticano.

Agora, ficou comprovado, com o caso de Monsenhor Wielgus, que isso não é tão impossível assim, visto que se chegou a escamotear, no Vaticano, que Monsenhor Wielgus foi espião do Partido Comunista, a ponto de Bento XVI até a semana passada ignorar quem ele mesmo nomeara para Arcebispo de Varsóvia, e declarar que colocava toda a sua confiança em Dom Wielgus. Depois...

Portanto, **havia comunistas no Vaticano.**

E se o partido comunista pode se infiltrar lá, por que a Maçonaria não teria pensado em fazer o mesmo, infiltrando-se nas fileiras eclesiásticas, já que a Maçonaria tem uma experiência histórica secular desse tipo de infiltração?

Aliás, **foi plano antigo da Maçonaria, eleger um Papa Maçom.**

O senhor deve conhecer os documentos carbonários publicados, até no Brasil, por Dom Boaventura Kloppenburg.

Pois vou ajudá-lo, Padre Luis, em sua pesquisa elástica, dando-lhe algumas outras informações sobre o que a Maçonaria pensava de João XXIII e de Paulo VI, citando-lhe um livro insuspeito: Maçonaria e Igreja Católica de autoria dos Padres J. A. F. Benimeli, G. Caprile e V. Alberton, Editora Paulus, São Paulo, 1981. Cito a Quarta edição brasileira, que é de 1998.

Essa obra, escrita por vários sacerdotes – certamente de posição oposta à minha e à de Montfort –, defende a aproximação da Igreja e da Maçonaria.

Recomendo que o senhor, Padre Luis, a leia, para que saiba quantos Padres (como, por exemplo, Dom Estevão Bettencourt) defendem essa aproximação, exatamente após o Concílio Vaticano II, concílio feito por João XXIII e Paulo VI.

Pois nas páginas 100 e 101 desse livro, Reverendíssimo Padre Luis, o senhor poderá ler o seguinte:

> *...cremos que sinais claros desta nova, mais serena atitude encontra–se (sic) também na posição assumida por alguns grupos maçônicos diante da figura dos dois papas artífices do Concílio, por ocasião de sua morte.*
>
> *Na de João XXIII, o Dr. G. Gamberini, Grão-Mestre do Grande Oriente da Itália – [e, acrescento eu, Bispo da Igreja Gnóstica] – distribuiu a nota seguinte:*
>
> *Sucede quase sempre, que um papa deixe profundas lamentações no âmbito de sua Igreja, mas, certamente, é a primeira vez que um papa morre circundado pela simpatia e pelo afeto de toda a humanidade. Desaparece, como todos sentem, um homem bom. Juntamente com esse homem bom desaparece o mais límpido, e ao mesmo tempo, o mais genial e eficaz defensor da Igreja.*
>
> *Consagrara-se à sobrevivência da Igreja, e a esta sobrevivência estava pronto a sacrificar todo outro valor tradicionalmente a ela*

associado [e foi o que João XXIII e Paulo VI fizeram no Vaticano II]. A sua morte é grande mal para a Igreja. Mas desaparece, também, um homem que se prometia colmar (sic) [tapar], em virtude de um autêntico sentimento cristão, o abismo escavado pela Igreja, antes dele, entre si mesma e a civilização moderna. E a sua morte é um grande mal para todos. (Dr. G. Gamberini citado por J. A. F. Benimeli, G.). Caprile e V. Alberton, Maçonaria e Igreja Católica, editora Paulus, São Paulo, 1981. Cito a Quarta edição brasileira, que é de 1998, pp. 100-101. Os destaques são meus).

Nessa mensagem, Padre Luís, o senhor poderá notar não só a admiração de um alto Maçom por João XXIII, como principalmente a informação de que João XXIII aceitou sacrificar os valores tradicionais da Igreja, para que ela sobrevivesse.

Teria alguém ameaçado a Igreja de que ela pereceria, e que João XXIII negociou a sobrevivência da Igreja em troca do sacrifício de seus valores mais tradicionais?

Que coisa inesperada, não é Padre?

Um Papa sacrificar os valores tradicionais da Igreja...

Se foi assim, o sacrifício dos valores mais tradicionais da Igreja foi feito no Concílio Vaticano II. E foi o Vaticano II que aceitou a civilização moderna, isto é, o antropocentrismo, colocando o Homem no lugar de Deus, como sempre a Maçonaria fez, e quis.

O mesmo Maçom Gamberini, "Bispo" da Igreja Gnóstica, elogiou também o Papa Paulo VI, por ocasião de sua morte, dizendo:

(...) Nenhum dos seus predecessores foi tão difamado como ele. Talvez, porque, no seu tempo, a arte de difamar não conseguira as presentes garantias de impunidade. Mas, sem dúvida, a ele e não aos seus predecessores coube a sorte de tomar conhecimento da incumbência da ameaça final para a sua Igreja como para todas as religiões, como para toda espiritualidade. E teve de bater-se e procurou fazê-lo em mais de uma frente, com mais de uma tática. Para os outros a morte de um Papa é um

acontecimento proverbialmente raro, mas que acontece, não obstante com a frequência de anos e de decênios. Para nós é a morte de quem fez cair a condenação de Clemente XIV e de seus sucessores. Ou seja, é a primeira vez – na História da Maçonaria moderna – que morre o chefe da maior religião ocidental, não em estado de hostilidade com os Maçons. E pela primeira vez na História os Maçons podem render homenagem ao túmulo de um Papa, sem ambiguidades nem contradições. (Dr G. Gamberini citado por J.A.F. Benimeli, G. Caprile e V. Alberton, Maçonaria e Igreja Católica, editora Paulus, São Paulo, 1981. Cito a Quarta edição brasileira, que é de 1998, pp.101-102. Os destaques são meus).

Essa foi a honra de Paulo VI: ser honrado pela Maçonaria sem ambiguidades, nem contradições.

E se diz nesse texto que Paulo VI estava consciente "da ameaça final para a sua Igreja como para todas as religiões, como para toda a espiritualidade".

Que ameaça foi essa, e quem a fez?

Parece, então, que o senhor acertou algo em sua elasticidade conclusiva. Parabéns, Padre.

Mas note que quem dá essas informações tremendas sobre a admiração da Maçonaria por Paulo VI são Padres da linha progressista. Não é a Montfort.

E não concluo que só por proteger Bugnini que fique provado que Paulo VI foi Maçom. Felizmente, não tenho a sua elasticidade, Padre.

E há mais.

Na famosa lista de Maçons no Vaticano, feita pelo jornalista Mino Pecorelli, assassinado depois em Roma, consta como Maçom o nome do secretário pessoal de Paulo VI. Monsenhor Pasquale Macchi – ele é o número 61 da lista que lhe copio abaixo, enquanto Monsenhor Anibale Bugnini aparece no número 25 da lista Pecorelli.

Dom Pasquale Macchi foi quem fez construir um monumento maçônico a Paulo VI, no Sacro Monte di Varese. (Cgr Franco Adessa, "Un Monumento Massonico", editrice Civiltà, Brescia, 2000). O senhor conhece esse bem curioso monumento?

Veja suas fotos e a correspondência das figuras que há no monumento com emblemas dos Graus 16,17 e 18 da Maçonaria.

O que aparece nesses emblemas é repetido no monumento fotografado à direita. E há ainda outra coisa estranha: o túmulo da família Alghisi da mãe de Paulo VI, em Verolavecchia, contém Símbolos típicos da Maçonaria...

Por que será que Paulo VI nunca se preocupou em substituir esses símbolos maçônicos por uma cruz? Será que ele achava que isso não tinha importância maior? Que esquisito...

Veja a foto desse túmulo e um destaque dos Símbolos que há nele:

Passo-lhe, agora, a famosa lista de Maçons no Vaticano publicada por Mino Pecorelli, e que lhe custou a vida.

Como já lhe disse, Monsenhor Bugnini é o número 25 dessa lista, e o secretário pessoal de Paulo VI, Monsenhor Pasquale Macchi, é o número 61.

A lista abaixo é uma relação completa de Maçons no Vaticano, reimpressa com algumas atualizações tiradas do Bulletin de L'Occident Chrétien (Boletim do Ocidente Cristão) Nr.12, Julho de 1976 (Diretor Pierre Fautrad a Fye – 72490 Bourg Le Roi.) O nome de cada membro é seguido por sua posição, caso for conhecida; a data em que foi iniciado na Maçonaria, seu código #; e seu nome código, caso seja conhecido.

1. **Albondi, Alberto.** Bispo de Livorno. Iniciado em 5-8-58; I.D. # 7-2431.
2. **Abrech, Pio.** Da Sagrada Congregação dos Bispos. 27-11-67; # 63-143.
3. **Acquaviva, Sabino.** Professor de Religião na Universidade de Pádua. 3-12-69; # 275-69.

4. **Alessandro, Padre Gottardi.** (Doutor nos encontros Maçônicos) Presidente dos Irmãos Maristas 14-6-59.
5. **Angelini Fiorenzo.** Bispo de Messenel – Grécia. 14-10-57; # 14-005.
6. **Argentieri, Benedetto.** Patriarca da Santa Sé. 11-3-70; # 298-A.
7. **Bea, Augustin.** Cardeal.
8. **Baggio, Sebastião.** Cardeal Prefeito da Sagrada Congregação de Bispos. 14-8-57; # 85-1640. Nome código Maçônico "SEBA." Ele controla a Consagração de Bispos.
9. **Balboni, Dante.** Assistente do Pontificado do Vaticano . Comissão de Estudos Bíblicos 23-7-68; # 79-14 "BALDA."
10. **Baldassarri, Salvatore.** Bispo of Ravenna, Itália. 19-2-58; # 4315-19. "BALSA."
11. **Balducci, Ernesto.** Artista de imagens Religiosas. 16-5-66; # 1452-3.
12. **Basadonna, Ernesto.** Prelado de Milão, 14-9-63; # 9-243. "BASE."
13. **Batelli, Guilio.** Leigo e membro de várias academias científicas. 24-8-59; # 29`-A. "GIBA."
14. **Bedeschi, Lorenzo.** 19-12-59; # 24-041. "BELO."
15. **Belloli, Luigi.** Reitor de Seminário; Lombardia, Itália. 6-4-58; # 22- 04. "BELLU."
16. **Belluchi, Cleto.** Bispo Auxiliar de Fermo – Itália. 4-6-68; # 12-217.
17. **Bettazzi, Luigi.** Bispo de Ivrea, Itália. 5-11-66; # 1347-45. "LUBE."
18. **Bianchi, Ciovanni.** 10-23-69; # 2215-11. "BIGI."
19. **Biffi, Franco,** Monsenhor Reitor da Pontifícia Universidade Igreja de São João Laterano. 8-15-59. "BIFRA."
20. **Bicarella, Mario.** Prelado de Vicenza, Itália. 9-23-64; # 21-014 "BIMA"
21. **Bonicelli, Gaetano.** Bispo de Albano, Itália. 12-5-59; # 63-1428, "BOGA"

22. **Boretti, Giancarlo.** 3-21-65; # 0-241. "BORGI." 254 -3. "ALBO."
23. **Bovone, Alberto.** Secretário Substituto do Santo Ofício. 30-3-67; # 254-3. "ALBO."
24. **Brini, Mario.** Arcebispo e Secretário dos Chineses, Orientais, e Pagãos. Membro da Pontifícia Comissão para a Rússia. Tem o controle em reescrever o Cânon das Leis. 7-7-68; # 15670. "MABRI."
25. **Bugnini, Annibale.** Arcebispo. Elaborou a Nova Missa. Enviado para o Irã, 23-4-63; # 1365-75. "BUAN."
26. **Buro, Michele.** Bispo. Prelado da Pontifícia Comissão para a América Latina, 21-3-69; # 140-2. "BUMI."
27. **Cacciavillani, Agostino.** Secretariado de Estado. 6-11-60; # 13-154
28. **Cameli, Umberto.** Diretor no Ofício do Assuntos Eclesiásticos da Itália no que se refere à educação da Doutrina Católica. 17-11-60; # 9 – 1436.
29. **Caprile, Giovanni.** Diretor dos Assuntos Católicos Civis. 5-9-57; # 21-014. "GICA".
30. **Caputo, Giuseppe.** 15-11-71; # 6125-63. "GICAP."
31. **Casaroli, Agostino.** Cardeal. Secretário de Estado sob os auspícios de João Paulo II desde 1 de Julho de 1979 até sua aposentadoria em 1989. 28-9-57; # 41-076. "CASA."
32. **Cerruti, Flaminio.** Diretor de Gabinete da Universidade para o estudo das Congregações. 2-4-60; # 76-2154. "CEFLA."
33. **Ciarrocchi, Mario.** Bispo. 8-23-62; # 123-A. "CIMA."
34. **Chiavacci, Enrico.** Professor de Teologia Moral, Universidade de Florença, Itália. 2-7-70; # 121-34. "CHIE."
35. **Conte Carmelo.**16-9-67; # 43-096. "CONCA"
36. **Csele Alessandro.** 25-3-60; # "ALCSE".
37. **Dadagio, Luigi.** Núncio Papal para a Espanha. Arcebispo de Lero. 8-9-67. # 43-B. "LUDA."
38. **D'Antonio, Enzio.** Arcebispo de Trivento. 21-6-69; # 214-53.

39. **De Bous, Donate.** Bispo. 24-6-68; # 321-02. "DEBO."
40. **Del Gallo Reoccagiovane, Luigi.** Bispo.
41. **Del Monte, Aldo.** Bispo de Novara, Itália. 25-8-69; # 32-012. "ADELMO".
42. **Faltin, Danielle.** 4-6-70; # 9-1207. "FADA."
43. **Ferraioli, Giuseppe.** Membro da Sagrada Congregação para Assuntos Públicos. 24-11-69; # 004-125. "GIFE."
44. **Franzoni, Giovanni.** 2-3-65; # 2246-47. "FRAGI."
45. **Gemmiti, Vito.** Sagrada Congregação dos Bispos. 25-3-68; # 54-13. "VIGE".
46. **Girardi, Giulio.** 8-9-70; # 1471-52. "GIG."
47. **Fiorenzo, Angelinin.** Bispo. Título de Comendador do Espírito Santo. Vigário Geral dos Hospitais Romanos. Controla os fundos financeiros dos Hospitais. Foi sagrado Bispo em 19/07/56; filiou-se à Maçonaria em 14/07/57.
48. **Giustetti, Massimo.** 4-12-70; # 13-065. "GIUMA."
49. **Gottardi, Alessandro.** Procurador e Postulador Geral dos Irmãos Maristas – Arcebispo de Trento. 13-6-1959; # 2437-14. "ALGO."
50. **Gozzini, Mario.** 14-5-70; # 31-11. "MAGO."
51. **Grazinai, Carlo.** Reitor do Seminário Vaticano Menor. 23-7-61; # 156-3. "GRAÇA".
52. **Gregagnin, Antonio.** Tribuno das Primeiras Causas para a Beatificação. 19-10-67; # 8-45. "GREA."
53. **Gualdrini, Franco.** Reitor de Capranica. 22-5-61; # 21-352. "GUFRA."
54. **Ilari, Annibale.** Abbot. 3-16-69; # 43-86. "ILA."
55. **Laghi Pio.** Nunzio, Delegado Apostólico para a Argentina, e depois para os E.U.A até l 1995. 24-8-69; # 0-538. "LAPI."
56. **Lajolo, Giovanni.** Membro do Conselho para os Assuntos Públicos da Igreja. 27-7-70; # 21-1397. "LAGI."
57. **Lanzoni, Ângelo.** Chefe de Gabinete do Secretário de Estado. 24-9-56; 03 6-324. "LANA"

58. **Levi, Virgillio,** Monsenhor. Diretor Assistente do Jornal Oficial do Vaticano, L"Osservatore Romano". Administra a Estação de Rádio do Vaticano. 4-7-58; # 241-3. "VILE."

59. **Lozza, Lino.** Chanceler da Academia São Tomás de Aquino da Religião Católica de Roma. 23-7-69; # 12-768. "LOLI."

60. **Lienart, Achille.** Cardeal. Grão-Mestre Maçom de alto Grau. Bispo de Lille, França. Recruta Maçons. Foi o líder das Forças Progressistas no Concilio Vaticano II.

61. **Macchi, Pasquale.** Cardeal e Prelado de Honra e Secretário Particular do Papa Paulo VI. 23-4-58; # 5463-2. "MAPA."

62. **Mancini,** Ítalo. Diretor de Sua Santidade. 18-3-68; # l551-142. "MANI".

63. **Manfrini, Enrico.** Consultor Leigo da Pontifícia Comissão das Artes Sagradas. 21-2-68; # 968-c. "MANE."

64. **Marchisano, Francesco.** Prelado de Honra do Papa. Secretário da Congregação para os Seminários e Universidades de Estudos. 2-4-61; 4536-3. "FRAMA."

65. **Marcinkus, Pau**l. Guarda-Costas Americano do Papa da cidade de Cicero, Illinois. Presidente do Instituto de Treinamentos Religiosos. 21-8-67; # 43-649. Apelidado "GORILLA." Nome Código "MARPA."

66. **Marsili, Saltvatore.** Abade da Ordem de São Benedito de Finalpia, próximo a Modena, Itália. 2-7-63; # 1278-49. "SALMA."

67. **Mazza, Antonio.** Bispo Titular de Velia. Secretário Geral do Ano Santo em 1975.1 4-4-71. # 054-329. "MANU."

68. **Mazzi, Venerio.** Membro do Conselho para os Assuntos Públicos da Igreja. 13-10-66; # 052-s. "MAVE."

69. **Mazzoni, Pier Luigi.** Membro da Congregação de Bispos. 9-14-59; # 59-2. "PILUM."

70. **Maverna, Luigi.** Bispo de Chiavari, Genova, Itália. Assistente Geral da Itália Católica Azione. 3-6-68; # 441-c. "LUMA."

71. **Mensa, Albino.** Arcebispo de Vercelli, Piemonte, Itália. 23-7-59; # 53-23. "MENA."

72. **Messina, Carlo.** 3-21-70; # 21-045. "MECA."
73. **Messina, Zanon** (Adele). 9-25-68; # 045-329. "AMEZ."
74. **Monduzzi, Dino.** Regente da Prefeitura da Casa Pontifícia. 11-3-67; # 190-2. "MONDI".
75. **Mongillo, Daimazio.** Professor de Teologia Moral Dominicana, no Instituto Santos Anjos de Roma 16-2-69; # 2145-22. "MONDA."
76. **Morgante, Marcello.** Bispo de Assole Piceno na Itália Oriental. 22-7-55; # 78-3601. "MORMA."
77. **Natalini, Teuzo.** Vice-Presidente dos Arquivos do Secretariado do Vaticano. 6-17-67; # 21-44d. "NATE."
78. **Nigro, Carmelo.** Reitor do Pontifício Seminário de Estudos Maiores. 21-12-70; # 23-154. "CARNI."
79. **No, Virgillio.** Maçom e Chefe da Sagrada Congregação da Divina Adoração. Ele e Annibale Bugnini pagaram 5 Pastores Protestantes e um Rabino Judeu para escreverem a Nova Missa. 3-4-61; # 43652-21. "VINO."
80. **Palestra, Vittorie.** Ele é o Conselheiro Legal da Sagrada Rota do Estado do Vaticano. 6-5-43; # 1965. "PAVI."
81. **Pappalardo, Salvatore.** Cardeal. Arcebispo de Palermo, Sicília. 15-4-68; # 234-07. "SALPA."
82. **Pasqualetti, Gottardo.** 15-6-60; # 4-231. "COPA."
83. **Pasquinelli, Dante.** Ele é ou era o Conselheiro do Núncio de Madri – Espanha. 12-1-69; # 32-124. "PADA."
84. **Pellegrino, Michele.** Cardeal. Chamado de "Protetor da Igreja", Arcebispo de Torino 2-5-60; # 352-36. "PALMI."
85. **Piana, Giannino.** 2-9-70; # 314-52. "GIPI."
86. **Pimpo, Mario.** Vigário do Escritório de Assuntos Gerais. 15-3-70; # 793-43. "PIMA."
87. **Pinto, Monsignor** Pio Vito. Adido do Secretário de Estado e Tabelião da Segunda Secção do Supremo Tribunal e da Assinatura Apostólica. 2-4-70; # 3317-42. "PIPIVI."
88. **Poletti, Ugo.** Cardeal. Vigário da Santíssima Diocese de Roma.

Controla o clero de Roma desde 6-3-73. Membro da Sagrada Congregação dos Sacramentos e da Divina Adoração. Ele é o Presidente das Obras Pontífices e da Preservação da Fé. É também Presidente da Academia Litúrgica. 17-2-69; # 32-1425. "UPO."

89. **Rizzi, Monsignor Mario.** Sagrada Congregação dos Ritos Orientais. Consta como "Prelado Bispo de Honra do "Santo Padre, o Papa." Atua sob comando do Maçom de Alto Grau Mario Brini na manipulação de Leis Canônicas. 16-9-69; # 43-179. "MARI," "MONMARI."
90. **Romita, Florenzo.** Era da Sagrada Congregação do Clero. 21-4-56; # 52-142. "FIRO."
91. **Rogger, Igine.** Oficial da Santa Sé (Diocese de Roma). 16-4-68; # 319-13. "IGRO."
92. **Rossano, Pietro.** Sagrada Congregação das Religiões Não--Cristãs. 12-2-68; # 3421-a. "PIRO."
93. **Rovela, Virgillio.** 6-12-64; # 32-14. "ROVI."
94. **Sabbatani, Aurelio.** Arcebispo de Giustiniana (Giusgno, Província de Milar, Itália). Primeiro Secretário da Suprema Assinatura Apostólica. 22-6-69; # 87-43. "ASA"
95. **Sacchetti, Guilio.** Delegado dos Governadores – Marchese. 8-23-59; # 0991-b. "SAGI."
96. **Salerno, Francesco.** Bispo. Prefeito dos Atos Eclesiásticos. 4-5-62; # 0437-1. "SAFRA"
97. **Santangelo, Franceso.** Substituto Geral do Conselho de Defesa Legal. 12-11-70; # 32-096. "FRASA."
98. **Santini, Pietro.** Vice Oficial do Vigário. 23-8-64; # 326-11. "SAPI."
99. **Savorelli, Fernando.** 14-1-69; # 004-51. "SAFE."
100. **Savorelli, Renzo.** 6-12-65; # 34-692. "RESA."
101. **Scanagatta, Gaetano.** Sagrada Congregação do Clero. Membro da Comissão de Pomei e Loreto, Itália. 9-23-71; # 42-023. "GASCA."

102. **Schasching, Giovanni.** 18-3-65; # 6374-23. "GISCHA," "GESUITA."

103. **Schierano, Mario.** Bispo Titular de Acrida (Acri na Província de Cosenza, Itália.) Chefe Militar Capelão das Forças Armadas da Itália. 3-7-59; #14-3641. "MASCHI."

104. **Semproni, Domenico.** Tribunal do Vicariato do Vaticano.16-4-60; # 00-12. "DOSE."

105. **Sensi, Giuseppe** Mario. Titular Arcebispo de Sardi (na Ásia Menor, próximo a Esmirna). Núncio Papal de Portugal. 2-11-67; # 18911-47. "GIMASE."

106. **Sposito, Luigi.** Pontifícia Comissão para os Arquivos da Igreja na Itália. Chefe Administrador do Assento Apostólico do Vaticano.

107. **Suenens, Leo.** Cardeal. Título: Protetor da Igreja de São Pedro In Vincolis, fora de Roma. Promove o Pentecostalismo Protestante (Carismáticos). Atuava junto a 3 Congregações Sacras: 1) Propagação da Fé; 2) Ritos e Cerimônias na Liturgia; 3) Seminários. 15-6-67; # 21-64. "LESU."

108. **Trabalzini, Dino.** Bispo de Rieti (Reate, Peruga, Itália). Bispo Auxiliar do Sul de Roma. 6-2-65; # 61-956. "TRADI".

109. **Travia, Antonio.** Arcebispo Titular de Termini Imerese. Diretor das Escolas Católicas. 15-9-67; # 16-141. "ATRA."

110. **Trocchi, Vittorio.** Secretário Laico para o Consistório Católico para Consultas do Estado do Vaticano 12-7-62; # 3-896. "TROVI."

111. **Tucci, Roberto.** Diretor Geral da Rádio Vaticano. 21-6-57; # 42-58. "TURO."

112. **Turoldo, David.** 9-6-67; # 191-44. "DATU."

113. **Vale, Georgio.** Padre. Oficial da Diocese de Roma. 21-2-71; # 21-328. "VAGI."

114. **Vergari, Piero.** Chefe Oficial do Gabinete de Assinatura para os Protocolos do Vaticano. 14-12-70; # 3241-6. "PIVE."

115. **Villot, Jean.** Cardinal. Secretário de Estado durante o reinado

do Papa Paulo VI. Ele é o Camerlengo (Tesoureiro). "JEANNI," "ZURIGO."

116. **Zanini, Lino.** Titular Arcebispo de Andrianopolis, Turquia. Nuncio Apostólico. Membro da Reverendíssima Fábrica da Basílica de São Pedro.

OS SEGUINTES CLÉRIGOS DA MAÇONARIA DO VATICANO FORAM DENUNCIADOS APÓS A LISTA ACIMA TER SIDO COMPILADA

1. **Fregi, Francesco Egisto.** 2-14-63; # 1435-87.
2. **Tirelli, Sotiro.** 5-16-63; # 1257-9. "TIRSO".
3. **Cresti, Oswaldo.** 5-22-63; # 1653-6 "CRESO".
4. **Rotardi,Tito.** 8-13-63 # 1865-34 "TROTA".
5. **Orbasi, Igino.** 9-17-73 # 1326-97. "ORBI".
6. **Drusilia, Itália.**11-12-63 # 1653-2. "DRUSI".
7. **Ratosi, Tito.** 11-22-63; # 1542-74 "TRATO".
8. **Crosta, Sante.** 11-17-63; # 1254-65. "CROSTAS".

De passagem, Padre Luís, quero lhe agradecer sua carta e sua dúvida sobre o que eu disse, porque assim me deu a oportunidade de publicar, no site Montfort, a lista Pecorelli, que muitos, no Brasil, desconhecem.

Critiquei Bugnini e até Paulo VI. Mas Bugnini não é a Igreja. O Papa Paulo VI foi Vigário de Cristo na terra, sucessor de Pedro, e como Pedro, embora infalível, não foi inerrante em política e em sua conduta pessoal. O Papa, infalível, não é impecável.

São Paulo, 23 de janeiro de 2007.

In Corde Jesu, semper,

Orlando Fedeli

∴

A Inquisição ou Santo Ofício

1542 – 1965

Antigo tribunal eclesiástico instituído com a finalidade de investigar e punir crimes contra a fé. Segundo afirma Nicola Aslan, é uma instituição cuja finalidade era procurar e punir a heresia. Tendo sempre existido na Igreja, de uma forma ou de outra, foi finalmente denominada Inquisição dos Bispos. A partir de 1209, porém, na guerra empreendida contra os albigenses pelo papa Inocêncio III, a Inquisição assumiu com novos aspectos, tendo sido São Domingos nomeado, em 1215, Inquisidor Geral. Em 1229, a Inquisição recebeu uma organização precisa, sendo elevada por Gregório IX à categoria dos tribunais regulares, sendo as funções inquisitórias, a partir de 1232, confiadas aos dominicanos.

A Inquisição não conseguiu manter-se na França, embora tivesse tido tempo para atuar na questão dos Templários, que conseguiu destruir com a conivência de Filipe IV de França, chamado "o Belo". Porém, na Espanha, onde foi introduzida em 1232, ela não tardou a difundir-se por toda a península, tendo sido incentivada pelos monarcas espanhóis e pela Santa Sé por motivos políticos e financeiros. É a que os apologistas da Igreja denominam de Inquisição Espanhola.

A Inquisição foi estabelecida naquele país em 1474, por Ordem de Sixto IV, pelos dominicanos, que foram nomeados inquisidores nos reinos de Aragão, Valença, Catalunha e Navarra.

Em 1481, ela recebeu nova organização, novo aumento de poder, e também a denominação de **Santo Ofício**. "Foi então criado um Grande Inquisidor Geral, na pessoa do dominicano Torquemada, que redigiu um Código composto de 28 artigos, o qual, quase sem modificação e, durante trezentos anos, serviu de jurisprudência à Inquisição." Por este Código impiedoso foram julgados, além de muitos inocentes cuja culpa principal era a de serem ricos, muitos judeus e mouros, vítimas do fanatismo e da inveja.

Muitos Maçons também foram vítimas da cruel instituição, sendo o primeiro Tomaso Crudeli, em 1739, na cidade de Florença. Um decreto do cardeal José Firrão condenava à morte não somente os Maçons, mas também aqueles que procurassem entrar na Ordem e ainda aqueles que lhes alugassem um local para as suas reuniões. O próprio exagero das penas impediu que fosse posto em prática. Entre os Maçons condenados pela Inquisição, pode ser lembrado o famoso Cagliostro, em 1789. Condenado à morte por crime de Maçonaria, em 1791, a sua pena foi comutada em prisão perpétua. Morreu louco na fortaleza de San Leo. Pelo mesmo crime, foi preso e torturado, em Lisboa, o Maçom John Coustos, que se salvou graças à interferência diplomática inglesa.

Em 1802, Hipólito José da Costa, redator do "Correio Brasiliense", conseguiu fugir das masmorras, em 1805, graças a auxílios maçônicos. Na Espanha, o "crime de Maçonaria" foi restabelecido pelo General Franco, ocasionando muitas vítimas. Durante largos anos, o **Santo Ofício**, que condenara Giordano Bruno à fogueira e Galileu à reclusão perpétua numa casa de campo, mancomunado com a congregação do Índex, proibiu a leitura de quatro mil livros sob pena de excomunhão.

Os próprios teólogos católicos sofreram muitas dificuldades com este organismo, com deposições, proscrições, interdições de ensinar e publicar. Desautorado por João XXIII, o Índex foi suprimido por Paulo VI, que iniciou a reforma do Santo Ofício, que passou a ter a denominação de **Congregação para a Doutrina da**

Fé. Em Maçonaria, a Inquisição é o Símbolo do obscurantismo e do fanatismo prepotente.

INRI – Esta inscrição, que os católicos traduzem por *Iesus Nazarenus Rex Iudeorum*, significava para os hermetistas *Igne Natura Renovatur Integra*, que se traduz "o Fogo renova a Natureza inteira". Inúmeras são as interpretações que lhe foram dadas, mas é curioso verificar que essas iniciais são também as dos nomes hebraicos dos quatro elementos primitivos: *Iammim*, a água ou o mar; *Nur*, o fogo; *Ruah*, o ar; e *Iabaschah*, a terra. Estas iniciais também encerram o segredo da palavra sagrada dos Cavaleiros Rosa-Cruzes, que não se pronuncia, mas está contida num interrogatório especial.

∴

Você Tem Medo de Morrer?

A tragédia de Eduardo Campos, em agosto de 2014, nos lembrou que a morte espera a todos os dias. Como lidar com ela?

O que é a morte? O que é morrer? Almas, espíritos, energias, consciências?

Há vida depois da morte?

Há vida durante a morte?

Há vida antes da morte?

Há morte antes da vida?

Há vida durante a vida?

Há morte durante a morte?

Há morte antes da morte?

Todas essas indagações podem ser afirmações. Vida-morte estão intimamente, simbioticamente interconectadas. Como separar uma da outra? Gêmeas siamesas. A separação pode ser o fim de uma ou o fim de ambas. Ou não.

Mas há fim para a vida? Há fim para a morte?

Cassiano Ricardo, poeta paulistano, escreveu:

Cada minuto de vida nunca é mais, É sempre menos. Desde o instante em que se nasce já se começa a morrer.

Mesmo antes do nascer? O que havia antes da vida? Transformação incessante, movimento incessante, movimento, prótons, elétrons e nêutrons – onda e partícula. Sim, a morte está presente no antes, no durante e no depois, neste universal plural sem dentro nem fora, sem tempo linear, no ser tempo.

Somos o tempo. Somos o tempo vida. Somos o tempo morte.

A vida tem começo, meio e fim.

A morte tem começo, meio e fim.

A vida é um processo em si mesma.

A morte é um processo em si mesma.

Assim como a lenha depois de se tornar cinza não volta a ser lenha, a morte não torna a ser vida. (Mestre Zen Eihei Dôgen –1200-1253)

Dia 13 de agosto sete pessoas foram carbonizadas e despedaçadas na explosão de um avião no bairro do Boqueirão, Baixada Santista. Os destroços do avião mal podiam ser reconhecidos. Os pedaços dos corpos, de quem seriam? Testes de DNA.

Somos tão frágeis. Ficamos tristes, sensibilizados. Eduardo Campos deixou cinco filhos, esposa, partido, campanha de presidência. Partiu partido em mil partículas junto a seus companheiros de jornada, seus auxiliares e facilitadores de viagens, entrevistas, locomoção, aviação, filmagem, fotos, secretários, assistentes, pilotos. De repente, não mais que de repente, da vida se fez a morte.

Essa morte nos fez lembrar que todos morremos.

Todos morreram um pouco com eles, mas agora eles vivem em nós. Agora os conhecemos melhor. Da invisibilidade surgiram – por causa da tragédia

Será melhor morrer assim, de repente, não mais que de repente, sem saber que se vai morrer? Ou será melhor morrer devagar, de mansinho, devagarinho, sabendo que se vai morrer?

Sem a morte, a vida não se manifestaria. Lamentamos. Por nós todos, pelo país, pela esposa, mãe, parentes, filhos, amigos, conhecidos.

Você tem medo de morrer? Você tem medo de viver? Você tem medo? Porque na vida, vivemos, e na morte, morremos. Que você tenha uma boa morte. Seja lá o que for uma boa morte – rápida e leve? Longa e pesada? Sofrendo pouco ou sofrendo muito? De susto ou de cansaço? Faz diferença, talvez. O certo é que eu e você também vamos morrer. Enquanto isso, nesta vida, neste instante, sentimos a dor dos que ficam por aqueles que se foram.

Sabemos, entretanto, que entre ir e vir precisamos ser coerentes com a alegria de existir; compartilhar, servir. Que todos encontrem a paz de Nirvana

O grande consolo é saber que o sonho continua e que, na trégua da reflexão aguda sobre sentido da vida, a morte surge madura.

Mãos em prece.

∴

Medo da Velhice

Em princípio a velhice parece um estágio de vida dos mais asquerosos. A juventude, por respeito, ou por medo da velhice, encara os velhos como se eles fossem verdadeiros extraterrestres. Há até mesmo jovens que demonstram ter medo de encarar uma pessoa velha, toda enrugada e cansada ou agastada pelos tropeços e pelas marcas produzidas pela estrada da vida.

Entretanto, a velhice é um privilégio de poucos. Sem dúvida é o ponto mais sublime e elevado de uma vida longeva, o qual apenas alguns poucos bafejados pelos eflúvios divinos podem alcançar. Não obstante, conforme já se viu, alguns humanos têm enorme ojeriza à velhice.

Se por um lado há quem tema a velhice, por outro há pessoas

que se sentem felizes com este estágio da vida. Conheço algumas poucas pessoas com mais de cem anos que se sentem profundamente contentes com o privilégio que os anos lhe conferiram. Muitos até têm verdadeira adoração por coisas velhas. Os colecionadores, por exemplo, costumam atribuir aos objetos antigos valores inconcebíveis. Em parte, nós mesmos demonstramos certa afeição pelas coisas velhas. Vários são os adágios que utilizamos, fazendo apologias às coisas antigas.

Entre tantos, os adágios mais comuns e frequentemente usados são: vinho quanto mais velho melhor; panela velha é que faz comida boa; galinha velha é que dá bom caldo, velhice é sinônimo de experiência e outros que você conhece. Pode ser que isto seja uma válvula de escape para as frustrações dos mais velhos ou mais experientes. Também, pode ser que não seja.

Entre os aficionados pelas coisas velhas existem, ainda, os adoradores de diamante. Essas *preciosidades* que, segundo algumas bibliografias, demoram em torno de dez milhões de anos para se formar, encontram espaço na vida dos mais recatados personagens da sociedade.

Ainda assim, mesmo adorando diamantes com dez milhões de anos, quando a maioria dessas pessoas depara com o problema da própria velhice, tudo muda de figura. Não são poucos aqueles que se reduzem a um elevado grau de insignificância e desprezam todos os prazeres da vida, quando descobrem que a velhice está chegando. Vai entender a Humanidade!

Quando se trata do próprio indivíduo, até alguns desses adoradores de coisas antigas parecem que se rejeitam. Outros vivem a pedir privilégios especiais às autoridades, mesmo quando desses benefícios não necessitam.

Para ilustrar, ressalto que, aqui no Brasil, quase todos os serviços públicos disponibilizam filas especiais para atendimento aos idosos, já que muitos reivindicam isto. É certo que alguns idosos necessitam de atendimentos especiais. Porém, em muitos casos não percebo essa necessidade.

Por outro lado, a maioria deles se recusa a utilizar essas filas para não revelarem a verdadeira idade. Isto ainda não é tudo. Há outros tantos idosos que tingem o cabelo para esconder os fios brancos que os anos da experiência lhes conferiram. Desta forma, essas pessoas se sentem mais jovens, embora alguns dentre eles não reúnam força sequer para subir os primeiros degraus de uma escada.

Ainda há que se destacar aquilo que chamo de lanternagem geral dos vaidosos, ou seja: as famosas cirurgias plásticas. Muitas mulheres, e até mesmo homens, aqui e no além-mar, fazem uso desses serviços médicos, pagando verdadeiras fortunas, para se parecerem mais jovens.

Não constitui novidade afirmar que, mesmo sabendo dos riscos que correm ao se submeterem a uma intervenção cirúrgica dessa natureza, alguns preferem se aventurar. Por isto, muitos já foram para o buraco antes do tempo. Mesmo assim, nem isto serve de exemplo aos sectários da recauchutagem. Dessa forma, dá para jurar que alguns temem mais a velhice do que temem a morte. Isto, se não é fantástico, é muito curioso.

Todavia, observando-se as mãos e os pescoços de algumas daquelas senhoras que passaram pelo processo de recauchutagem, percebe-se que as rugas existentes nessas partes do corpo revelam o que essas damas tentam esconder.

Esses sinais característicos do desgaste cronológico nos indicam que a juventude pleiteada pelos adeptos dessas simulações pode ser visivelmente desmascarada, independentemente da aplicação do teste do carbono 14. Mesmo assim, os aficionados por esses serviços se sentem verdadeiramente felizes. Paciência e aleluia.

Paralelamente a esses devaneios, existe muita gente que adoece só por pensar que um dia vai envelhecer. É assim que o medo da velhice pode se transformar em um dos grandes temores da humanidade, aniquilando mais gente do que seria possível imaginar, sem uma dose maior de reflexão. Muitos alegam que do pó viemos e ao pó retomaremos, mas quase todos se recusam aceitar essa realidade.

O físico-químico Antoine Laurent de Lavoisier não poderia ter tido momento mais feliz na sua brilhante trajetória, do que aquele em que ele anunciou a Lei de Conservação das Massas e dos Elementos, afirmando que *na natureza nada se perde, nada se cria, tudo se transforma.*

Esta tese é simplesmente fantástica. Tudo se transforma, sejam elementos inorgânicos, sejam orgânicos. Com os animais, compostos de elementos orgânicos e inorgânicos, também não poderia ser diferente. O processo se repete, sem que nada apresente nenhuma alteração que venha negar essa profunda percepção. Portanto, se vamos mesmo nos transformar em velhos, nada mais inteligente do que envelhecermos com sabedoria e sem psicoses. Vamos lá?!

Para exemplificar, podemos afirmar sem constrangimento que o Homem nasce e, se não morrer ao nascer ou logo após, vive e normalmente cresce. Depois, envelhece e não raro insere-se com brilhantismo no seio da sociedade. Aí, pode virar o centro das atenções ou não. Nada é certo. O certo é que poderá envelhecer.

A seguir, no mais das vezes, é alijado dessa mesma sociedade pelos mais jovens, porque está velho, o que pode levá-lo a mergulhar num labirinto infinito de solidão, do qual raramente consegue forças para se reerguer.

Não são poucos aqueles que morrem frustrados por isto, sem perceber que a velhice é a mais destacada e brilhante etiqueta da vida. Muitos velhos ficam rabugentos porque não se aceitam como tais. Assim, adquirem a antipatia de alguns jovens mal formados e poucos inteligentes.

Nenhum animal teme mais do que o homem o medo de envelhecer. Em consequência, passar por todo o processo de transformação de corpos rijos e rostos jovens em um monte de tecido praticamente inoperante e enrugado, quase sempre causa uma verdadeira ojeriza à juventude.

O medo do envelhecimento é tão grande que as mulheres sentem-se verdadeiramente ofendidas em dizer a idade, até para quem as viu nascer. Muitas delas consideram uma falta de educação grave perguntar-se a idade de uma senhora. Não obstante, não faltam entre essas mesmas aquelas que tiram a roupa para exibir as pelancas nas praias do Mundo inteiro. Este procedimento me intriga. Numa certa oportunidade encontrava-me no Centro de Coluna Vertebral Seriado na Lagoa, Rio de Janeiro, quando uma senhora de aproximadamente 35 anos chegou pura marcar um exame com um dos especialistas da casa. Como eu estava sendo atendido no mesmo balcão, presenciei lodo o questionário feito pela assistente social que preenchia a ficha da jovem senhora.

Para minha surpresa, quando a secretária perguntou a idade daquela paciente, ela reagiu incontinentemente: que pergunta mais desagradável! Se você pensou que ela forneceu a idade, enganou-se redondamente. Omitiu-se e a atendente deixou aquele item em branco. Vaidade de mulher? Não é apenas isso. O agente maior desse comportamento é o medo da velhice, do qual só escapa quem morre cedo demais ou prematuramente.

Esse medo persegue tanto as mulheres que, quase desde os primórdios da Humanidade, a sociedade criou uma verdadeira e recatada indústria de embelezamento e rejuvenescimento das dondocas. Com isto, os mais espertos industriais lucram verdadeiras fortunas vendendo líquidos aromáticos para um punhado de mulheres vaidosas que se sentem mais valorizadas por aqueles homens que são seguidores dos encantos dessas essências.

Ainda que esses líquidos aromáticos tenham sido criados mais para as mulheres, não são apenas elas que se utilizam desses dispositivos de embelezamento. Boa parte dos homens aderiu ao narcisismo feminino e chega a perder horas nos chamados centros de rejuvenescimento. A sociedade está repleta de gente que anda pensando em reservar uma cadeira cativa num desses estabelecimentos. Outros nem mesmo querem mais sair de lá.

Todos perseguem a eterna juventude e para isso fazem o que os seus recursos financeiros lhes possibilitam. Muitas dessas pessoas chegam mesmo a se submeter ao processo de congelamento em criogênio, a quase trezentos graus centígrados abaixo de zero. Assim, conserva-se a esperança de que um dia a Ciência consiga perpetuar-lhes a vida, mantendo-os eternamente jovens.

Entretanto, ninguém escapou dos implacáveis processos de mutação da juventude em velhice. Pelo menos, até onde eu saiba. O certo é que todos morrem e, inexoravelmente, transformam-se em pó, confirmando a célebre afirmação contida nos livros sagrados: *do pó vieste e ao pó retornarás.*

Portanto, não adianta temer a velhice. O melhor que se pode fazer é aproveitar a vida da melhor maneira que o Mundo nos possa propiciar, mas sem nunca nos esquecermos de nos preparar para a velhice e para a morte. Pois pelo menos por enquanto, não se conhece nenhuma maneira de escapar dessas tão temidas transformações que a Natureza reservou apenas a quem nasceu, viveu e cresceu, podendo ou não envelhecer.

O que temos como certo é que todos morrerão, mas nem todos envelhecerão. Portanto, em lugar de passar o tempo procurando perpetuar a eterna juventude, seria aconselhável que selecionássemos e preparássemos o melhor e mais adequado lugar para um repouso mais duradouro, já que nada é eterno.

Para quem já morreu, houve apenas uma passagem desta vida, provavelmente, para outra. Para quem chora a ausência irreversível dos entes queridos, houve uma perda: a matéria desapareceu. Para a natureza, houve apenas uma transformação: a matéria viva, pensante e pululante ou se transformou em outra espécie de matéria imperceptível aos nossos olhos ou, como se diz na gíria, "já era".

Como podemos observar, não adianta ter medo, quase tudo envelhecerá, mas nada escapará da morte. A única coisa que se pode afirmar é que o conjunto de átomos de um corpo continua vivendo e a partir da morte física representará outra função junto à natureza, mas mesmo assim nada foi acrescentado, nem subtraído do Universo.

Apenas houve uma transformação aparentemente pequena, mas infinitamente grande para que possamos perceber com os olhos da matéria putrescível. Sorria, pois, segundo a Teoria de Lavoisier, você viverá após a morte e poderá até ter mobilidade, nem que seja à custa dos incontáveis zilhões de vermes.

Daí os meus aplausos ao grande mestre Lavoisier, que tão bem soube perceber e transmitir essa essência de sabedoria: *"na natureza nada se perde, nada se cria ..."*. Quase tudo envelhece e tudo morre um dia. Portanto, relaxe, aproveite e goze o máximo desse curtíssimo período de vida que o Criador nos confiou aqui na terra. Nada de medo. Pois a batata de cada um de nós está assando e, felizmente ou não, um dia vamos ter que comê-la, quente ou fria. Bem que poderia ser diferente. Amém!

∴

Cena Censurada pela Igreja é Posta em Cheque

Fonte: carlos.eli@oglobo.com.br, varaujo@oglobo.com.br

Cineasta e representantes da OAB dizem que não houve ofensa ao Cristo. Já a Arquidiocese achou o diálogo forte.

O filme "Inútil paisagem", de José Padilha, que iria compor o longa-metragem "Rio, eu te amo" ainda suscita polêmica. Em uma sequência do curta, o personagem interpretado pelo ator Wagner Moura, durante um voo de asa-delta, reclama da vida, do relacionamento amoroso e da cidade para a estátua do Cristo:

> *"E aí? Vai me pedir desculpa, não?', diz o protagonista num trecho a que O GLOBO teve acesso. O veto da Arquidiocese do Rio ao uso do Cristo na produção cinematográfica foi, mais uma vez, alvo de críticas ontem de cineastas, de um advogado e do prefeito Eduardo Paes.*

O cineasta Cacá Diegues, informado sobre o teor do texto do filme, rechaçou a censura.

– Todo mundo tem o direito de gostar ou não gostar de uma coisa que está no filme, mas ninguém tem o direito de censurar. Você pode mandar os fiéis não assistirem ao filme. Mas proibir e censurar, acho isso muito triste, pois estamos voltando ao método que era adotado pela ditadura militar – disse Cacá, que dirigiu "Deus é Brasileiro" (2003), também alvo de polêmica.

Em outro trecho da fala do personagem de Wagner Moura, ele reclama que o Cristo nunca o ajudou na relação com Clara (outra personagem):

> *E aí? Vai me pedir desculpas, não? Com a Clara, você nunca me ajudou, rapaz. É tudo uma mentira. Esse braço aberto teu é mentira também. Essa cidade aí é uma mentira. Já foi lá embaixo?*
>
> **Censurado:** *Lá embaixo você não vai, né? Lá embaixo não tem amor, né? Aí, você fica aí. A polícia matando as pessoas. Quando chove, alaga a porra toda, todo mundo morre. A criança sem escola. Mas aqui em cima é melhor, né, de ver, Quer saber de uma coisa, eu vou embora. Cidade maravilhosa é o caralho. Boa olimpíada. – diz o personagem, mandando uma "banana".* (**Trecho do curta vetado**)

Padilha explica que o objetivo da cena era mostrar o estado de espírito do personagem: – O que um personagem diz está necessariamente associado ao seu estado mental. Ele está claramente perturbado, como a própria ideia de ir ao Cristo para espinafrar a estátua já revela. Será que um personagem louco não pode falar agressivamente com a estátua do Cristo em um filme, sem ofender a Cúria? Será que a Igreja Católica ainda não perdeu o hábito de tentar impor seus dogmas a terceiros? Seja como for, o que pensa a Cúria não me concerne. A questão aqui é a liberdade de expressão e o direito sobre a imagem do Cristo.

O cineasta Murilo Salles achou a proibição absurda:

– Achei que o personagem xingava, barbarizava com a figura do Cristo. Mas é um desabafo carregado de crítica social.

O presidente da Comissão de Direitos Autorais da OAB-RJ, Fábio Cesník, explica que, no campo autoral, o assunto está esgotado. O que importa agora são os direitos constitucionais: o da liberdade de expressão e de respeito à fé religiosa.

– Considera-se crime de vilipêndio quando se usa um objeto de culto religioso de forma jocosa. Seria como no caso do pastor que chutou a santa. Em nenhum momento, Padilha teve a ideia de ofender a imagem do Cristo, e sim de fazer uma crítica social e política. A questão me parece bastante moralista. Entendo que não houve afronta.

IGREJA: CENAS FORTES – A teóloga da PUC Maria Clara Bingemer apoia a posição da Igreja, que proibiu o filme: – Quando se diz que Ele (Cristo) não está nem aí para a cidade, é um desrespeito. O prefeito Eduardo Paes disse que não concordava com a censura ao filme: – Não concordo com a agressão do personagem de Wagner Moura, mas respeito a liberdade de expressão. Por isso, defendo que o filme seja liberado.

Ontem, o Arcebispo do Rio, dom Orani Tempesta, mais uma vez, não quis comentar o caso. "Rio, eu te amo" foi enviado para

a apreciação da Arquidiocese em março, e voltou no mês seguinte com o veto. O filme deve chegar aos cinemas em 11 de setembro. A advogada da Arquidiocese, Claudine Milione Dutra, defendeu a proibição, afirmando que a cena era forte: – Não tinha como liberar algo que afronta uma imagem sagrada, o sentimento religioso. O monumento é da Arquidiocese, que sempre usou critérios claros de autorização de uso da imagem. Se autorizássemos, estaríamos negligenciando o dever de protegê-lo.

Veto à Cena com Cristo Redentor em Filme

Fonte: Nossa opinião "O GLOBO" 21.07.14

É legítima a preocupação de líderes religiosos com a forma como símbolos, rituais e outros aspectos de sua fé são mostrados nos meios de comunicação. Caso considerem que a crença foi agredida ou exposta ao ridículo em filme, novela, exposição, reportagem ou qualquer outra instância pública, está mais do que resguardado o direito de reagir prontamente da maneira como se age nessas situações num Estado democrático de direito: recorrendo à Justiça. Se a liberdade de expressão é garantida pela Constituição, da mesma forma a proteção contra o vilipêndio a objeto de culto é prevista por lei.

Não parece ser esse exatamente o caso do veto da Arquidiocese do Rio de Janeiro ao uso da imagem do Cristo Redentor no filme "Inútil paisagem"; dirigido por José Padilha, que faria parte do longa-metragem "Rio, eu te amo":

Primeiro porque a Arquidiocese, que tem os direitos patrimoniais de autor sobre o monumento – ou seja, o poder de autorizar ou não – impediu a cena antes da exibição, o que caracteriza censura prévia. Não houve sequer tempo para que os católicos se sentissem ofendidos com a passagem em que o personagem interpretado por Wagner Moura se dirige à estátua e diz palavrões num momento de indignação devido a uma desilusão amorosa e às mazelas sociais cariocas. O cineasta alega que seu objetivo foi expor o estado de espírito do personagem, claramente perturbado, como mostra a própria ideia de ir ao Cristo para espinafrar a estátua.

Segundo porque o Cristo Redentor – uma das Sete Maravilhas do Mundo Moderno – não é apenas uma imagem religiosa. É também o símbolo mais reconhecido da cidade do Rio de Janeiro e do Brasil. Representa o país e a sua cultura. Ele brilhou na transmissão da final da Copa pela TV; aparecendo para bilhões de espectadores em todo o mundo em primeiro plano, com o Maracanã ao fundo. Inspirou o clássico "Corcovado", de Tom Jobim, e está para sempre na memória até da festa que se assume profana: a alegoria do Cristo Mendigo – coberta por um plástico preto e com a faixa "Mesmo proibido, olhai por nós" – que Joãozinho Trinta fez na Beija-Flor em 1989 é tida como um das criações mais surpreendentes do carnaval carioca.

Nada disso, no entanto, tira do Cristo a condição de objeto da fé católica, situado num santuário onde há uma capela. Tampouco põe em segundo plano o direito dos fiéis de reagirem a possíveis desrespeitos. Por outro lado, torna o uso de sua imagem uma questão ainda mais complexa, em que se contrapõem a liberdade de expressão e a proibição de vilipêndio à crença alheia. Ambas são inquestionáveis e, a priori, uma não se sobrepõe à outra, como deve ser num Estado laico que garante ao cidadão, entre outras prerrogativas, a liberdade de culto.

Se há um confronto, então, que a queixa de injúria seja encaminhada aos tribunais. Até porque arbitrar tais conflitos é uma das razões de ser da própria Justiça.

Agressão à Igreja Católica

Fonte: Outra opinião "O GLOBO" 21.07.14
João Ricardo Moderno

A polêmica contra a Igreja Católica é falsa. O cardeal dom Orani Tempesta recusou liberar o Cristo Redentor para o filme ironicamente chamado "Inútil paisagem"; do cineasta José Padilha – que faria parte do longa-metragem "Rio, eu te amo" –, ***mas não o proibiu***". As ofensas à Igreja Católica são parte da sacrofobia, e da cristofobia em particular, e muito comuns em artistas que se valem do escândalo como marketing pessoal.

Uniram-se contra a legítima defesa do divino. Há uma clara manifestação de ódio contra a Igreja. Saudades do gênio Glauber Rocha, que respeitava o sagrado. Dom Orani tem a governança sobre o Cristo Redentor. A proteção à imagem sagrada é dever do cardeal. Cristianismo, budismo, judaísmo, hinduísmo, islamismo e outras religiões governam a si mesmas

A cena pode ser realizada em qualquer outro lugar, mas negar à Igreja Católica o direito constitucional sobre si própria é uma expressão do autoritarismo cultural. É negar ao católico o direito de ser católico. Herbert Marcuse e Theodor Adorno estudaram esse fenômeno da liberação repressiva.

O culto da teofobia pretende destruir todas as dimensões do sagrado, negando sua autonomia. É a lógica da repressão Black bloco. A ofensa não é à Cúria, mas ao Deus por ela anunciado. A imposição do profano como exercício da "liberdade de expressão" é típica do nazi-bolchevismo. Eis a liberdade repressiva tal como vimos nos regimes nacional-socialista, comunista e no terrorismo islâmico contemporâneos.

A repressão quer exercer a dominação da intolerância e da censura prévia ao sagrado. Nietzsche propôs a destruição de todos os valores da civilização judaico-cristã, seguida à risca pelo nazismo. A Igreja rejeitou o pedido do cineasta e o desagradou, mas a Dom Orani cabe agradar a Deus. A separação entre Igreja e Estado não significa destruir a Igreja ou destruir o Estado. Houve a recusa de uma cena ofensiva em local sagrado.

Da mesma forma agiriam todos os líderes religiosos em qualquer lugar do mundo. Qual líder autorizaria um crime contra o sentimento religioso e o vilipêndio público de seu próprio objeto de culto religioso?

A sacrofobia quer impor seus dogmas às religiões, expondo debochadamente a profanidade no seio do espaço divino. Autor de filmes do mais baixo nível cultural, explorador comercial da violência urbana, um artista pode vender muito, mas não pode comprar a consciência religiosa, nem impor às religiões os códigos da estética da barbárie.

Nem toda liberdade de expressão é expressão da liberdade. Heidegger escreveu que a "raça" pura ariana tinha o direito à liberdade do genocídio e da dominação escravocrata de povos e raças consideradas inferiores pelo nacional-socialismo. Somente uma ditadura totalitária alcançaria a liberdade de silenciar as religiões através do sacrocídio.

"João Ricardo Moderno é presidente da Academia Brasileira de Filosofia"

Igreja Anglicana Aprova Mulheres no Bispado

Elas já são admitidas há 20 anos como pastoras na principal religião da Inglaterra.

YORK, INGLATERRA. A Igreja Anglicana deu ontem mais um passo histórico pela igualdade de gênero, ao autorizar a nomeação de mulheres para o bispado. A decisão se deu por meio de uma votação que durou cinco horas e foi realizada durante o Sínodo Geral desta religião de 60 milhões de fiéis espalhados por mais de 160 países no mundo todo. O encontro ocorre em York, no Norte da Inglaterra.

A Igreja anglicana é a maior designação cristã do Reino Unido, e o sínodo é uma reunião de membros do clero onde são decididos os rumos da religião. Há 20 anos, foi num desses encontros que se aprovou a ordenação de mulheres como pastoras, estimulando debate semelhante na Igreja Católica, que, embora demonstre sinais de abertura, ainda parece longe de tomar medida semelhante.

CONSERVADORES DESAPROVAM

O Arcebispo de Canterbury, Justin Welby, disse logo depois da votação que estava muito feliz com o resultado. Contudo, não foram poucas as vozes conservadoras que demonstraram descontentamento com a nova regra, que muda as estruturas de quase 500 anos da Igreja Anglicana.

A Votação sobre a nomeação de mulheres para o bispado se dá dois anos depois de uma tentativa frustrada de aprovar a mudança. Na ocasião, não foram atingidos os necessários *dois* terços de votos entre os membros leigos do sínodo, apesar da aprovação dos *Bispos* e de boa parte do clero. *Por* apenas *seis* votos, então, o plano *foi* rejeitado, o que causou choque e perplexidade entre integrantes da Igreja e da sociedade, a ponto de o Parlamento ameaçar *invalidar* o resultado do sufrágio.

Agora, a votação na Câmara dos Leigos teve 152 manifestações favoráveis, 45 contrárias e cinco abstenções. Já na casa dos Bispos, 37 foram a favor, dois contra, e houve uma abstenção. Por fim, houve 162 votos a favor na Casa dos Clérigos, 25 contra e quatro abstenções.

20% DE SACERDOTISAS

Desde que elas foram autorizadas a ser pastoras na Igreja Anglicana, um em cada cinco sacerdotes é do sexo feminino. Especialistas já preveem que a primeira mulher pode ser nomeada para o bispado até o final deste ano.

∴

Fidelidade Maçônica

É ser fiel aos juramentos e compromissos assumidos com relação às leis maiores e menores bem assim as leis do país. Lealdade é sinônimo de lealdade. Daí é meu dever ser fiel, principalmente, com aquele que escolhemos para ser nosso Irmão.

Na Cerimônia da nossa Iniciação, o Irm∴ Orador faz um discurso onde recomenda que devemos socorrer os Irmãos em suas aflições e necessidades; encaminhá-los na senda da virtude; desviá-los da prática do mal e estimulá-los a fazer o bem, dando-lhes exemplos de Tolerância, Justiça e respeito à Liberdade, exigências primordiais da nossa sublime instituição.

O Ven∴ Mestre, após o fechamento do Livro da Lei, na exortação, quando toda a atenção é voltada para aquele momento, na formação da Egrégora, ocasião em que pronuncia um trecho:

> ***Sede diligentes, moderados, discretos e prudentes, lembrando-vos sempre de que prometestes, solenemente, ajudar e amparar com cordialidade e à medida de vossas possibilidades, o Irm∴ que necessite de vossa assistência; que deveis com tolerância e bondade corrigir suas faltas, auxiliando-o em seu aperfeiçoamento e defendendo-o quando caluniado ou injustamente criticado.***
>
> *Que o mundo não julgue que viemos aqui trabalhar inutilmente, gastando em vão as nossas forças.*

A Loja tem cerca de uma dezena de Irmãos que já ultrapassam 65 anos; daí, ser considerados idosos e é preciso muito cuidado ao se dirigir a um desses Irmãos; pois alguns, já cardíacos, podem sofrer um AVC ou um mal súbito vindo a falecer e assim colocando a Loja em dificuldades para explicar à Cunhada o óbito.

Fidelidade tem como sinônimo a Lealdade que deve fazer parte do comportamento ético e moral de todo Maçom, incluído aí o respeito às leis maçônicas Maiores e menores.

∴

Tolerância

A Tolerância é uma das maiores virtudes, ainda que tenhamos de estabelecer limites para que o tolerado não tire proveitos, em excessos, com a intenção de transformar em coniventes, com o seu modo de pensar, aqueles que lhes dão chances de aprender a ser uma pessoa melhor.

A Maçonaria, desde os seus princípios, teve o objetivo de trabalhar para o bem da humanidade, através do aperfeiçoamento moral do homem e, desde cedo, envidou esforços, neste sentido, com a finalidade de aprimorar as suas virtudes.

Uma vez que aprendemos que "virtude" é uma disposição da alma que nos conduz à prática do bem, a tolerância é um termo que pode ser interpretado como sustentar, ou suportar o Grau de aceitação diante de um elemento contrário a uma regra moral, cultural, civil ou física.

Do ponto de vista da Associação como parte da sociedade, como um todo, a tolerância é a capacidade de uma pessoa ou grupo de aceitar aquilo que não se pode mudar. Exemplo: Não se pode mudar o mundo, mas podemos lutar para transformar alguma coisa que venha atender ao interesse de todos.

Tolerância, segundo o filósofo Locke, é: "*parar de combater o que não se pode mudar*".

Tolerância social: – É a atitude de uma pessoa ou de um grupo social diante daquilo que é diferente de seus valores morais ou de suas normas.

Tolerância civil: – É a discrepância entre a legislação, a sua aplicação e a impunidade.

Tolerância religiosa: – É a atitude respeitosa e o convívio diante das confissões de fé diferentes;

Tolerância aos fármacos ou aos medicamentos: – É a diminuição do efeito farmacológico com a administração repetida da substância.

Tolerância técnica: – É a margem de erro aceitável ou Tolerância: em gestão de riscos que constitui o nível de risco aceitável normalmente definido por critérios pré-estabelecidos. Exemplo: Recall de automóveis.

Tolerância zero: a Ministra da Secretaria de Direitos Humanos da Presidência da República, Ideli Salvatti, disse nesta terça, dia 20/05/14, que o governo não vai tolerar a violência e o abuso sexual contra crianças e adolescentes, especialmente durante a Copa do Mundo. "A presidente determinou tolerância zero contra violência sexual e abuso de crianças e adolescentes. O grande auxiliar nesse combate é a população *(por meio das denúncias)*."

A ministra ressaltou que o aparato de segurança estará atento para perceber situações que envolvem violência, exploração e abuso sexual de crianças e adolescentes. "Vão ter operações policiais muito fortes durante a Copa nos pontos já mapeados, onde costuma acontecer abuso ou violência. Os policiais vão saber fazer a abordagem e encaminhar para o Conselho Tutelar, a delegacia e a Vara da Infância", disse Ideli, que participou do programa Bom Dia, Ministro, produzido pela Secretaria de Comunicação Social da Presidência da República em parceria com a EBC Serviços.

∴

A Origem da Palavra Irmão

Os Membros da Maçonaria, unidos pelo Amor Fraternal, qualquer que seja o seu Grau, dão-se o tratamento de "Irmão". É o título que geralmente se dão, mutuamente, os religiosos de uma mesma Ordem e de um mesmo convento e também os Membros de uma mesma associação.

Este tratamento existe em todas as sociedades iniciáticas e nas confrarias, onde o seu significado é a condição adquirida com a participação de um mesmo ideal baseado na amizade e na virtude. É o tratamento que se davam entre si os Maçons Operativos.

A origem do cordial tratamento de “Irmão”, afirmam os estudiosos, foi adotado e nunca mais esquecido pelos Maçons, desde os tempos de Abraão, o velho patriarca bíblico. Reza a história que estando ele e sua mulher SARA no Egito, lá ensinavam as sete ciências liberais (Gramática, lógica e dialética, matemática, geometria astronomia e música), e contou entre os seus discípulos com um de nome Euclides. Tão inteligente que não demorou nada em tornar-se mestre nas mesmas ciências, ficando por isso bastante afamado como ilustre personagem.

Então Euclides, a par com suas aulas, estabeleceu regras de conduta para o discipulado; em primeiro lugar cada um deveria ser fiel ao Rei e ao país de nascimento; em segundo lugar, cumpria-lhes amarem-se uns aos outros e serem leais e dedicados mutuamente. Para que seus alunos não se descuidassem destas últimas obrigações, ele sugeriu aos mesmos que se dessem, reciprocamente, o tratamento de “Irmãos” ou “Companheiros”.

Aprovando inteiramente esse costume da escola de Euclides, a Maçonaria resolveu sugeri-lo aos seus Iniciados, que o receberam com todo agrado, sem nenhuma restrição, passando a ser uma norma obrigatória nos diversos Corpos da Ordem.

De fato, traduz uma maneira de proceder muito afetiva e agradável a todos os corações dos que militam em nossos Templos. Assim, passaram os Iniciados ao uso desse tratamento em todas as horas, quer no mundo profano, quer no maçônico.

Um exemplo prático base de qualquer construção na antiguidade e moderna é a prova do famoso Teorema de Euclides, também chamado de Teorema de Pitágoras, simbolizado por um Esquadro pendente no colar do Past Master: (em que num triângulo retângulo, a soma dos quadrados dos catetos é igual à soma dos quadrados da hipotenusa). Esta descoberta é atribuída a Pitágoras, mas, como Pitágoras não deixou nenhuma obra escrita, coube aos seus discípulos se ocuparem de transmitirem seus ensinamentos. Assim, as três Colunas que simbolicamente sustentam a Loja formam, na prática, o mesmo citado Teorema, que também observamos quando é ensinado ao Aprendiz o primeiro passo R∴ da Maçonaria partindo da junção dos PP∴ na esquadria.

O Poema Regius, o primeiro livro de Maçonaria conhecido, que data do ano de 1390 (século XIV), aconselha os Operários das construções a não se tratarem de outra forma senão de "meu caro Irmão". Por isso o tratamento de Irmão dado por um Maçom a um outro significa reconhecimento fraternal, como pertencente à mesma família. Os Maçons são Irmãos por terem recebido a mesma Iniciação, os mesmos modos de reconhecimento e foram instruídos no mesmo sistema de moralidade.

Além da amizade fraternal que deve uni-los, os Maçons consideram-se Irmãos por serem, simbolicamente, filhos da mesma mãe, a Mãe-Terra representada pela deusa egípcia Ísis, viúva de Osíris, o Sol, e mãe de Hórus. Assim os Maçons são, também, simbolicamente, Irmãos de Hórus e se autodenominam Filhos da Viúva.

Durante a Iniciação, quando o recipiendário recebe a Luz, seus novos Irmãos juram protegê-lo sempre que for preciso. A partir daquele momento, todos que a ele se referem o tratam como Irmão. Os filhos de seus novos Irmãos passam a tratá-lo como 'TIO" e as esposas de seus Irmãos passam a ser sua "Cunhada". Forma-se nesse momento um elo firme entre o novo Membro da Ordem e a família maçônica.

A Maçonaria não reconhece qualquer distinção entre raças, crenças, condições financeiras ou sociais entre seus Obreiros. Há séculos Sublime Instituição oferecendo a oportunidade aos homens de se encontrarem e colherem os frutos do prazer de conviver sempre em paz, em união e concórdia, como amigos desinteressados, dentro de um espírito coletivo voltado à prática do bem, guiados por rígidos princípios morais, sem desavenças e dissensões.

Os Membros de nossa Ordem aprendem a destruir a ignorância em si mesmo e nos outros; a ser corajosos contra suas próprias fraquezas – Ser bravo para defender a Liberdade, lutar contra seus próprios vícios e também contra a injustiça alheia. São estimulados a praticarem um modo de vida que produza um nível elevado em suas relações com seus Irmãos, aos quais dedicam amizade sincera e devotada. São fiéis cumpridores de todo dever cujo cumprimento lhes seja legalmente imposto ou reclamado pela felicidade de sua Pátria, de sua Família e da Humanidade.

Jamais abandonará sua prole, seus Irmãos e seus amigos, no perigo, na aflição ou na perseguição. Sobre o coração do Maçom está o símbolo do amor, da amizade, da razão serena e perseverante. O que o distingue na vida profana é sua aversão à iniquidade, à injustiça, à vingança, à inveja c à ambição, sendo ele constante em fazer o bem e em elogiar seus Irmãos. O verdadeiro Irmão é aquele que interroga sua consciência sobre seus próprios atos, pergunta a si mesmo se não violou a lei da justiça, do amor e da caridade em sua maior pureza; se não fez o mal e se fez todo o bem que podia.

O verdadeiro Irmão pergunta a si mesmo se não menosprezou, voluntariamente, uma ocasião de ser útil; se ninguém tem o que reclamar dele. E quando não tem uma palavra que auxilie, procura não abrir a boca ... (Se for falar, cuida para que suas palavras sejam melhores que o seu silêncio). Quando um Irmão incorrer em um erro, deveis com tolerância e cordialidade corrigir suas faltas indicando-lhe o caminho certo.

O Irmão, possuído do sentimento de caridade e de amor ao próximo, faz o bem pelo bem, sem esperança de recompensa, retribui o mal com o bem, toma a defesa do fraco contra o forte, e sacrifica sempre seu interesse à justiça. Ele é bom, humano e benevolente para com todos, sem preferência de .raças nem de crenças, abraça o branco e o preto (pois não é a cor, mas, sim, o talento e a virtude que faz um homem elevar-se por sobre os demais), o rico e o pobre, o jovem e o velho, o sábio e o ignorante, o nobre e o plebeu, porque vê Irmãos em todos os homens.

Porém, devemos observar que nem o rico, o príncipe ou o sábio devem "descer" para o nivelamento. Não descendo ao nível deles, mas, sim, ajudando-os a se levantarem e poderem melhor enxergar o horizonte. É caminhando que se faz o caminho; pensando, agindo, sentindo, sofrendo, aprendendo e corrigindo. Fazendo melhor em seguida. Se comprometendo a sempre ensinar aos capazes o que se aprendeu. Capacitando-os. Perpetuando a GNOSE adquirida.

Quem deverá "subir" é o pobre; pobre no sentido de ser carente. Acontece de existir, entre os ricos de recursos materiais, os pobres de sabedoria, ignorantes de conhecimento, de altruísmo e complacência. O verdadeiro Irmão não tem ódio, nem rancor, nem desejo de vingança; compreendendo, nem condena. Portanto perdoa, e anula as ofensas, e não se lembra senão dos benefícios que já tenha recebido, porque sabe que com a mesma sábia compreensão que deixou de condenar, assim será tratado intimamente, na sua própria causa de compreensão, como réu de sua consciência. Quando esta lhe julgar.

∴

Semeando Amor

Energia espiritual que liga pela raiz as mesmas faculdades do espírito, de conhecer e querer, integrando a personalidade ao plano existencial pela percepção e animação das relações humanas. – O amor é substancialmente um ato ou uma atitude da vontade, o querer, consciente e ordenadamente, o bem do outro (querer bem), o dar sua vida ao outro, incorporando-o na própria vida (integração), o criar tudo que é preciso para sua valorização (fazer o bem, agir bem).

AMOR PAIXÃO

É uma inclinação predominante que pode levar ao desequilíbrio psíquico; forte inclinação amorosa que nasce como uma chama que vai crescendo à medida que se lhe põe lenha e, da mesma forma, se apagando quando deixa de alimentá-la, se transformando em cinzas.

AMOR FILIAL

Aquele pelo qual a criança manifesta a sua gratidão aos pais, se apega a eles e procura integrar-se na sua vida (de cada um dos pais).

AMOR AMIZADE

Aquele pelo qual nos interessa por chegar a alma dos amigos, e de sua vida participando afetivamente e por colaboração.

AMOR COMUNITÁRIO

O que incorporamos todas as substâncias das questões da vida da comunidade em que estamos e dela participando ativamente, agindo em benefício do bem comum.

AMOR FRATERNAL

O que temos na Maçonaria: tipo mais pessoal do "Amor Comunitário" porque se dirige mais diretamente a determinadas pessoas que estão no nosso "convívio maçônico", aqueles em que depositamos uma confiabilidade ilimitada, pois foram, por nós, escolhidos para serem nossos Irmãos.

AMOR CONJUGAL

Aquele que, através da relação sexual personalizada e estruturada, conjuga homem e mulher, constituindo uma vida a dois, criando uma união carnal e espiritual como mais íntima não pode haver entre seres humanos, e gerando nova vida nos filhos; com relação a estes o "Amor Conjugal" se desdobra e se torna Amor *Paternal - Maternal.*

AMOR SUBMISSO OU OBEDIENCIAL

O maior exemplo que temos é aquele que se faz referência no "Livro da Lei": – "Abraão, em obediência ao Senhor teu Deus, estava para imolar o seu filho, quando ouviu uma voz que lhe dizia não ser mais necessário".

AMOR SUBLIME

Aquele que, sem dúvida, supera todos os outros; O amor de Deus, o G.·. A.·. D.·. U.·. que foi capaz de mandar o seu filho, JESUS, ao mundo com a missão de morrer para salvar a humanidade.

AMOR À PÁTRIA

A Pátria é a nossa terra natal; o país onde nascemos, a nossa cultura, o nosso povo, nossos rios e florestas, o nosso solo com toda a sua riqueza e suas diversidades. A Pátria somos nós, nossos avós, são os nossos filhos e os filhos dos nossos filhos. – Portanto, vamos valorizar o que é nosso. São símbolos nacionais: a Bandeira, o Hino, o Selo e as Armas da República. – A Bandeira é o maior símbolo de representação nacional. O Pavilhão Nacional deveria ser popular. Deveria estar em Sala de Aula, em todo o Território Nacional; e no coração do Brasileiro, não como símbolo falso, de "Patriotada", mas como Alto e Poderoso Símbolo da nossa Nação

AMOR CÍVICO

É a devoção pelo interesse público; entusiasmo Cívico: é dedicação por tudo que se refere à nação a que pertence; patriotismo. Embora a Maçonaria não tenha uma pátria definida, a sua universalidade a torna a única Instituição que sobrevive, através dos tempos, em todo o mundo.

– A Educação cívica tem por finalidade formar o bom cidadão, dando-lhe conhecimento de seus direitos e deveres para com a família, a pátria e a humanidade. Na escola e no lar o ensino cívico ocupa lugar proeminente, cabendo aos educadores darem à criança, a toda hora e por todos os meios, noções basilares de civismo.

Referências Bibliográficas

A Eleição do Papa. Publicação cedida pela Loja Obreiros de Irajá.

ADRIÃO, Victor Manuel. *O Espírito Tradicional da Maçonaria.*

ASLAN, Nicola. *História Geral da Maçonaria Operativa.*

Brasil – 500 Anos – Período 1815 – 1831 Editora Abril.

CASTELANI, José. *Os Maçons e a Independência do Brasil.*

Conquiste o Mundo Superando o Medo. "reivax".

CORRÊA, Viriato. *História da Liberdade no Brasil.*

D'ALBUQUERQUE, A. Tenório. *A Maçonaria e a Independência do Brasil.*

GOMES, Mario. *A Maçonaria na História do Brasil.*

GUEDES, Getúlio. **VANGUARDA NACIONAL.**

LIMA, Mario de Araújo. *Um Século de Arte Real* – Loja "Acácia".

LUCCHESI, Marcos. *Guerra das Religiões.* (Jornal O Globo)

O Futuro das Religiões - ...

O Seminário da Prainha. **INSTITUTO DO CEARÁ.**

Opúsculo – Editado pelo GOB – Texto do Jornal "Três Pontos".

PADOIM, Maria Helena. *A Revolução Farroupilha e o Papel dos Sacerdotes.*

ROCHA, Luiz Gonzaga e LEITE, Hélio Pereira. *A Influência Maçônica.*

REVISTA TEXTOS & TESTOS – Julho de 2011.

SANTOS, Oliveira Paula. *A Noiva da Revolução*. Comunograf.

SILVA, H.M. *Cultura Geral Maçônica – No Brasil e no Mundo*.

SOUZA, Lira Michel de. A Confraria maçônica em Itambé. **A TROLHA**, Londrina, Nº 201, Goiana – 1999.

TROLHA, Xico. *Itambé – Berço Heróico da Maçonaria do Brasil*. Londrina: "A TROLHA".

Editora Maçônica

A TROLHA

Redação, Diagramação,
Composição, Revisão, Arte-Final.

Rua Castro Alves, 264 – Jd. Shangri-lá A
Fone: (43) **3337-1982 –** Fax: (43) **3326-0915**
CEP 86070-670 – Londrina – Paraná

Home Page: http://www.atrolha.com.br
E-Mail: redacao@atrolha.com.br

Anotações